GEORG SCHRAMM

Lassen Sie es mich so sagen

GEORG SCHRAMM

Lassen Sie es mich so sagen

Dombrowski deutet die Zeichen der Zeit

Karl Blessing Verlag

Verlagsgruppe Random House
FSC-DEU-0100
Das für dieses Buch verwendete
FSC-zertifizierte Papier *Munken Premium* liefert
Arctic Paper Munkedahls AB, Schweden

Der Karl Blessing Verlag ist ein Unternehmen der
Verlagsgruppe Random House GmbH.

3. Auflage

Umschlaggestaltung: Hauptmann & Kompanie,
München–Zürich unter Verwendung eines Fotos
von Achim Käflein, Freiburg im Breisgau
Layout und Herstellung: Gabriele Kutscha
Satz: Buch-Werkstatt GmbH, Bad Aibling
Druck und Bindung: GGP Media GmbH, Pößneck
Printed in Germany
ISBN 978-3-89667-348-0
www.blessing-verlag.de

Für August, meinen Vater.

Ich danke Dieter und Isa,
Anton und Ute

Inhaltsverzeichnis

1 Rechtfertigung 11

2 Standortsuche 15
Atomtod, Du 18
Das Ende der Hominidenplage 20
Predigt zum Ostermarsch 22
Bürgerliche Wohltätigkeit 25
Rede zur Verleihung eines Kleinkunst-Preises 31
Der ungeladene Hochzeitsgast 35

3 Preuße sein – eine Geisteshaltung 40
Gedanken am Grab Friedrichs des Großen 41
Das preußische Erbe 46

4 Anmerkungen zur Revolution 1848 49
Die Bedeutung der Militärmusik bei den Scharmützeln im badischen Raum anno 1848 50
Die Paulskirchenlüge 57
Ein Besuch am Gendarmenmarkt 60

5 Oberstleutnant Sanftleben und der Krieg 66
Grundsätzliches zur Belastungsgrenze der Bundeswehr 67
»Die Deutschen müssen töten lernen!« 73
Ein offenes Wort unter Männern 77

6 Clausewitz und das Innovative am Balkankrieg 88

7 Der Sozialdemokrat – eine aussterbende Spezies 103
Der Sozialstaat, die SPD und Dieter Hildebrandt 104
Rotarier und Lioner 108
Fachsimpeleien über Schwule 110
Beim Metzgerschorsch zum Rinderwahn 113
Ostdeutsches Wachstum 115
Die Oderflut und Roberto Blanco – eine Naturkatastrophe 116
Ein Händedruck und zwei Urkunden 119

8 Der »Scheibenwischer« 127
Zum Auftakt ein Spendenskandal 128
Die Union sucht wieder mal die Leitkultur 130
Tag der Deutschen Einheit 132
Berliner Bankskandal? – Nein, Regierungsskandal! 135
Die Lüge im Wahlkampf 138
Die nationale Benzin-Konferenz 140
Auf zum Kreuzzug! 144
Wir brauchen Visionen 147

Wenn Nationalfeiertag, dann der 9. November 150
Ein starker Abgang 152

9 Das Volk braucht nicht viel 159
Der Lauschangriff und das bürgerliche Lager 160
Plädoyer für Hartz IV 162
Das Volk braucht nicht viel - sagt Platon 164
Über Sportmoderatoren 167
»Big Brother« und die Verblödung des Publikums 172
Volksbildung - wozu? 175

10 2005 – Schicksalsjahr und Schicksalswahl 182
Tsunami 182
Köhler muss weg 187
Ich setze auf Sieg der Konservativen 189
Die Schicksalswahl - September 2005 192
Das kluge Wahlvolk - Jahresrückblick 2005 195
Der Karikaturenstreit 198

11 Auf ein »Neues aus der Anstalt« 201
Radikale Veränderung - ein Tagtraum 202
Nachruf auf Friedrich Merz 203
Herr Kurnaz und das Neue Testament 206
Die RAF und der präsidiale Gnadenakt 208

12 Man muss an die Gesundheit denken 210
Ein Arzt auf der Flucht 212
»Das oberste Handlungsprinzip im deutschen Gesundheitswesen ist der Betrug« 217
Im Wartezimmer 225

13 Das Alter naht 235
Die Alterspyramide 235
Ich und Drewermann 238
Heiminsasse oder freilaufend? 241

14 Von der Diskussion zur Agitation 249
Aktionstag im Supermarkt 250
Ein Fehlschlag 253
Die Stammtischrevolte 259

Das letzte Kapitel 266

1 Rechtfertigung

»Der Strom der Zeit läuft seinen Weg doch, wie er soll, und wenn ich meine Hand hineinstecke, so tue ich das, weil ich es für meine Pflicht halte, aber nicht, weil ich meine, seine Richtung damit zu ändern.«
Bismarck

Ich könnte mit einer Anekdote beginnen, etwas Leichtem, Persönlichem, mit etwas, das sich »hinter den Kulissen« abgespielt hat, zwischen Kabarettisten, die der Leser kennt. Der Kabarettist X soll seinen Regisseur Y vor Jahren öffentlich geohrfeigt haben, weil Y der Frau von X in dessen Beisein geraten hat, besser den Mund zu halten, statt von Dingen zu reden, von denen sie nichts versteht.

Wunderbare Geschichte, ich lasse sie mir von Augenzeugen immer wieder gern erzählen, weil ich X und Y kenne. Y kann mit sanfter Stimme Frauen beleidigen wie kaum ein Zweiter in unserem Gewerbe. Ich habe ihn mehrfach um diese Gabe beneidet. Die Anekdote könnte enden mit dem Satz: »Wir kommen später noch auf meine eigenen Erfahrungen mit Y zu sprechen.«

Das wäre ein Anfang ganz nach dem Geschmack der

Leser. Aber will ich das? Mein erstes und – dessen können Sie gewiss sein – einziges Buch damit beginnen, ein wenig aus dem Nähkästchen zu plaudern? Quasi in vorauseilender Altersmilde?

Mein Erfolg beruht doch zum beträchtlichen Teil darauf, eben nicht zu plaudern. Weder aus dem Nähkästchen noch über die politische Misere im Land. Ich habe eine gewisse Fähigkeit darin erlangt, den Eindruck zu erwecken, dass ich die Erwartungen der Zuschauer nicht erfülle, ja sogar gegen die Erwartungen agiere. Diese Haltung wirkt bei mir echter, als der Versuch zu plaudern. Ich kann also mit einem solchen Anfang nur verlieren.

Lassen Sie mich deshalb mit etwas beginnen, wovon mir mehr oder weniger nachdrücklich abgeraten wurde: mit einer Rechtfertigung. Ich weiß, dass ich mich für dieses Buch nicht rechtfertigen muss, trotzdem spüre ich ein starkes Bedürfnis, es zu tun. Die Ursache ist etwas Jenseitiges.

Beim Blick nach vorn ist bereits schemenhaft der Endpunkt meines Lebensweges auszumachen. Die schon zurückgelegte Strecke ist sehr viel länger als der noch vor mir liegende Rest. In meiner Phantasie werde ich beim Übergang ins Totenreich vor eine Art Richter treten müssen. (Nachdem ich Cerberus, den Höllenhund, links liegen gelassen habe, der sinnigerweise Namensgeber eines hochaggressiven Hedgefonds ist.)

Das Gericht wird aufzählen, was alles zu meinen Lebzeiten an politischen Widerwärtigkeiten geschehen ist, und dann fragen: »Was hast du dagegen getan?« Die Frage ist mir aus dem Diesseits vertraut. Diese Art der Selbstbefragung gehört zu meinem Einschlaf-Ritual, das sich über Stunden hinziehen kann, und meine Antworten befriedigen mich nur selten.

Wenn mein Lebensende nicht völlig überstürzt kommt, werde ich bis dahin dieses Buch fertig haben und es fortan immer bei mir tragen, damit ich im entscheidenden Moment sagen kann: »Hier steht es. Ich habe Buch geführt. Ich habe dazu Folgendes gesagt …« Meine öffentlich vorgetragene kritische, meist sogar scharf ablehnende Haltung ist damit als Beweismittel zu meinen Gunsten dokumentiert.

Sollte es sich um einen gnädigen Richter handeln, könnte er darüber hinwegsehen, dass ich »gesagt« mit »getan« gleichgesetzt habe. Ich würde auf Grund dieser mildernden Umstände auf Bewährung in ein halbwegs erträgliches Jenseits aufgenommen, wo man Leute trifft, mit denen man wenigstens vernünftig diskutieren kann. (In meinen Tagträumen hoffe ich auf solche Übergangswohnheime.)

Es gab zwar durchaus hin und wieder auch aktives Aufbegehren von mir, aber insgesamt doch weitaus seltener als verbalen Protest. Und meine Einzelaktionen waren auch nicht übermäßig erfolgreich. Wir kommen später noch auf meine Erfahrungen zu sprechen.

Es gibt also neben dem materiellen Reiz und dem guten Gefühl, als Buchautor immerhin einmal aus dem leichten Schoß der flüchtigen Muse Kleinkunst in einen schwereren Schoß gewechselt zu haben, einen weiteren, subjektiv gewichtigen Anlass für das Buch, womit ich das Kapitel Rechtfertigung abschließen könnte. Zum besseren Verständnis möchte ich aber noch ein persönliches Wort hinzufügen.

Mein Selbstbewusstsein wurde in den letzten Jahren durch einige mehr oder weniger richtige eigene Entscheidungen und therapeutische Hilfe erheblich gestärkt. Ich kann es mir deshalb leisten, eine von mir sorgfältig gehütete Personalie offen zu legen: Georg Schramm gibt es nicht. Präziser formuliert gibt es den Menschen Georg Schramm nicht, den Reserveoffizier und Diplompsychologen, der nach zwölf Jahren Berufstätigkeit in einer neurologischen Klinik ein erfolgreicher politischer Kabarettist wurde. Ich habe all die Jahre Georg Schramm als Pseudonym benutzt, seine Vita ist erfunden. Er, der Offizier Sanftleben und der alte Sozialdemokrat August sind Spielfiguren, Abspaltungen meiner Person, die ich auf der Bühne zum Leben erwecke, um der Widersprüchlichkeiten in mir und um mich herum besser Herr zu werden.

Im realen Leben gibt es nur mich, Lothar Dombrowski, und als dieser habe ich das Buch geschrieben, das vor Ihnen liegt.

2 Standortsuche

Die Idee, mich eines Pseudonyms zu bedienen, entsprang keinem weitsichtigen strategischen Kalkül, sondern war die notwendige Konsequenz meines Scheiterns beim ersten Versuch, mir öffentlich Gehör zu verschaffen.

Es war die Zeit, in der die USA den Kalten Krieg zum Endsieg trieben und dabei Deutschland als nukleares Schlachtfeld einplanten. In Bonn kam es 1983 zu einer die Generationen übergreifenden Großdemonstration gegen die Stationierung nuklearer Gefechtsfeldwaffen. Damals kam ich in Kontakt mit einer Gruppe nonkonformistischer junger Menschen. Man lud mich ein, anlässlich einer alternativen Verlobungsfeier eine kleine Rede zu halten. Ich sagte zu und entschied mich für ein kleines Referat über die rechtliche Bedeutung des Verlobungskusses im Wandel der Zeit, dem ich mit dem Stilmittel der ironischer Brechung einen gewissen Witz geben wollte. (Bei der Konzeption konnte ich dabei auf das Büchlein *Der Verlobungskuss und seine Folgen rechtsgeschichtlich besehen* von Wolfgang Strätz zurückgreifen.)

Schon die Örtlichkeit der Feier hätte mich misstrauisch machen müssen. Ein kahler Mansardenraum ohne jedes Mobiliar inmitten einer ehemaligen Franzosenkaserne, deren Areal von Dutzenden vorwiegend studentischen Wohngemeinschaften besiedelt war.

Die Verlobungsgesellschaft bestand zu circa 75 Prozent aus mehr oder weniger jungen Frauen, die ihre Kleinkinder und Säuglinge mitgebracht hatten. Dem Bewegungs- und Artikulationsdrang der kleinen Rotznasen wurde mit größter Selbstverständlichkeit Vorrang eingeräumt. Der Begriff »Rotznase« ist hier keineswegs als Schimpfwort gedacht, sondern als Zustandsbeschreibung.

Mit etwas Souveränität hätte ich die Sinnlosigkeit meines kleinen Referates erkennen und rechtzeitig die Segel streichen müssen. Stattdessen versuchte ich wenigstens die Erwachsenen zur Räson zu bringen in der irrigen Hoffnung, sie würden sich für das störende Verhalten ihrer Brut verantwortlich fühlen und es unterbinden beziehungsweise mit ihr den Raum verlassen, wenn man sie schon nicht zum Schweigen bringen konnte.

Das Ergebnis meines Appells war nicht die von mir gewünschte Aufmerksamkeit, sondern eine ungeordnete Diskussion über Methoden der Kindererziehung, während der mit größter Selbstverständlichkeit die eine oder andere Brust entblößt wurde, um schon den leisesten Verdacht auf Hungergefühl im Keim der Muttermilch zu ersticken.

Der Disput uferte aus, wobei ich einräumen muss, dass ich bei der Wortwahl zunehmend die mir sonst eigene Zurückhaltung aufgab und laut wurde, um im anschwellenden Geschrei der Säuglinge überhaupt noch gehört zu werden.

Das Ganze endete damit, dass ich grußlos die Feier verließ, ohne auch nur die Hälfte meines sorgfältig ausgearbeiteten Vortrages an den Mann gebracht zu haben. Mein Abgang wurde von einer Mischung aus Empörung, Genugtuung und Gelächter begleitet. Von geordnetem Rückzug konnte keine Rede sein.

Nachdem ich mich von dieser Niederlage erholt hatte, ging ich daran, die Ursachen zu ergründen. Eine Form von Trauerarbeit, wie man im Psychologenjargon sagen würde, die unangenehm, aber notwendig war, um ähnliche Situationen künftig meiden zu können. Aus heutiger Sicht eine segensreiche Entscheidung. Es war nicht zu übersehen, dass meine Person eine Reizfigur darstellte für manche Zeitgenossen, und dass meine Toleranz gegenüber deren offenkundig geistlosen Äußerungen schnell erschöpft war. Für von vornherein auf Konfrontation ausgelegte Situationen mochte ich als Frontmann tauglich sein. Um mir aber bei Bevölkerungsgruppen Gehör zu verschaffen, die ich auf Grund tiefer gegenseitiger Abneigung argumentativ nicht erreichen konnte, bedurfte es der Hilfe einer anderen Person. Die Lösung war eine erfundene Spielfigur, ein Pseudonym (dem sich dann im Lauf der Zeit noch andere hinzugesellten).

So entstand der Psychologe Georg Schramm, deutlich jünger wirkend als ich, ein politisch ambitionierter Kabarettist von zeitgemäß eloquenter Einfühlsamkeit. Mit seiner Hilfe gelang es mir, in der so genannten Alternativszene und im Milieu der Grünen Fuß zu fassen und im Genre der Kleinkunst mit neuen Ausdrucksformen zu experimentieren.

Dabei erwies sich zum Beispiel der Einsatz von Lyrik rasch als untauglich. So ließ ich Georg Schramm auf dem Höhepunkt der Protestwelle nach der Tschernobyl-Katastrophe 1986 ein Gedicht vortragen, das die Betroffenheitshysterie persiflieren sollte. Das Gedicht entstand – wie damals üblich – im Kollektiv mit Hilde Schneider und Johannes Brand vom »Noie Para-Theater«, Konstanz, und wurde auch gemeinsam vorgetragen. Bei Veranstaltungen der Grünen und der Anti-AKW-Bewegung stieß das Gedicht auf breite Ablehnung.

Atomtod, Du

Früh kommst Du, kalter Freund
Kein Auge kann Dich sehen
Und es braucht Mut
Mit Angst sich Dir zu stellen
Atomtod Du, Atomtod Du.

Brennstab rein und Brennstab raus
Fertig ist der kleine Klaus
Der Krüppel spielt dann Blinde Kuh
Atomtod Du, Atomtod Du.

Wo überüll ist Tschernobyl?
Tschernobyl ist überüll!
Bleibt einzig Wyhl dann ein Idyll?
Da lachst Du nur dazu
Atomtod Du, Atomtod Du.

Selbst Biofood ist nicht mehr das
Vergiftet wie der ALDI-Fraß
Wird seiner Alm der Senn noch froh?
Atomtodilio, Atomtodilio.

Wer bist Du, dass Dich alle duzen?
Bei Fremden tut man Sie benutzen
Mit Dir vertraut sein werd ich nie
Atomtod Sie, Atomtod Sie.

Nach dem atomaren GAU von Tschernobyl stieg die Sensibilität der Bevölkerung für von Menschen verursachte Katastrophen sprunghaft an. Im indischen Bophal erblindeten Zehntausende nach der Explosion eines amerikanischen Chemiewerks. Aber auch die Sturmtiefs »Vivian« und »Wiebke« verwüsteten als Vorläufer von Orkan »Lothar« ganze Landstriche. Die grassierende Zukunftsangst war Thema einer von mir konzipierten TV-Show »Dein Platz an der Sonne«. Die Hitliste der zehn größten Ängste der Deutschen wurde vom Psychologen Schramm fachkundig, aber unterhaltsam vorgestellt. Einer der Höhepunkte war die Präsentation der »Angsthasen des Monats«. Die Bewerber hatten drei Minuten Zeit, ihre Ängste in Worte zu fassen, eine Phonmessung des Publikumsapplauses ermittelte den Gewinner. Ich bin überzeugt, dass dieses Showformat, wie man heute sagt, aktueller ist als je zuvor und mühelos neben Bohlens, Heidi Klums und Kerners Besten bestehen könnte.

Der beim Publikum beliebteste »Angsthase des Monats« war ein vom Katastrophenwahn befallener Intellektueller.

Das Ende der Hominidenplage

tschernobyl – da war doch was.
nur eine schneeflocke,
die der nuklearen eiszeit vorauseilte.
bophal – nie was von gesehen.
nur finsternis in 100 000 inderköpfen.
vivian und wiebke – nie gehört.
nur ein hauch des windes, der zu neuen ufern führt.
der nächste krieg – weiß nicht, wann.
nur vertagt, bis die hungrigen kinder des islam ihn
führen können gegen den ungeist der moderne.

die uhren der vierten dimension stehen bereits auf fünf nach zwölf. allein die endliche lichtgeschwindigkeit gewährt uns noch aufschub. aber wenn uns die zeit erreicht, werden wir nicht einmal als farbenspiel einer supernova die galaxis erfreuen.
denn die büchse der pandora steht schon überall und sie ist spaltbreit offen.
zurückbleiben werden müllhalden, abschussrampen und kernkraftwerke

- als kathedralen des hasses und der sachzwänge einer untergegangenen epoche
- als letzte metastasen des fortschritts-krebses
- als wegweiser für den zug der sechs milliarden aufrechten lemminge zu den klippen.

unser gleichzeitiges ersaufen würde den meeresspiegel noch nicht einmal um einen tausendstel millimeter anheben.

vor 50 jahren töteten kz-ärzte im namen der wissenschaft unzählige frauen beim üben einer neuen methode der schnell-sterilisation. sie landeten nicht auf dem elektrischen stuhl, sie landeten auf dem lehrstuhl westdeutscher universitäten, und die von ihnen entnommenen organe sind noch heute im handel.
heute lassen sie abtreibung verbieten als menschenverachtung, züchten gleichzeitig hirnlose embryonen als lebende ersatzteillager und testen synthetische cholera als b-waffe in den krankenhäusern von armenvierteln.
das sind die bausteine eures fortschritts.
aber es gibt einen trost:
dieser seuche kann eine ära aufblühenden erdenlebens folgen, in der kellerasseln und tausendfüßler als hyperintelligente gattungen herrschen werden

- über myraden von einzellern,
- umgeben von endlosen algen- und flechtenwäldern,
- in palästen aus witterungsbeständigen plastiktüten,
- und endlich ungestört durch die irrtümlich homo sapiens genannte art.

und im olymp der entwicklungsgeschichte werden krebs und hiv höchstes ansehen genießen als helden im abwehrkampf gegen die hominidenplage für eine befreite natur.
und sollte jemals in den annalen des universums unser kurzes gastspiel erwähnt werden, dann bleiben von uns vielleicht fünf zeilen übrig:
mensch, eine art, die sich selbst die denkende nannte. entwickelte ein hoch differenziertes zentralnervensystem, ohne die daraus resultierenden fähigkeiten arterhaltend nutzen zu können, und verschwand durch

selbstzerstörung ihrer gen-struktur zugunsten anpassungsfähiger kleinstlebewesen.

Zu Beginn betrat ich als Georg Schramm die Bühne nur gelegentlich. Ich experimentierte mit ihm als Moderator bei bürgerlichen Festveranstaltungen, aber auch als Stimmungskanone bei den Ostermarschierern, die damals starken Zulauf hatten und der katholischen Kirche ein Dorn im österlichen Auge waren. Die Amtskirche führte zu dieser Zeit einen fanatischen Abwehrkampf, um die Aufhebung des Abtreibungsverbots zu verhindern, wobei sie von allen guten und heiligen Geistern verlassen blindlings um sich schlug. Georg Schramm sorgte zu Ostern 1988 bei den Ostermarschierern als katholischer Hassprediger für Stimmung. Die kursiv gesetzte Passage besteht aus den damals üblichen Tiraden katholischer Bischöfe.

Predigt zum Ostermarsch

Lasst mich nun, liebe Brüder und Schwestern, ein Wort sagen zum Frieden in der Welt. Der eine oder andere von euch hat schon einmal davon gesprochen, die katholische Kirche möge positiv Stellung beziehen für die so genannte Friedensbewegung. Als Seelsorger warne ich vor dem leichtfertigen Gebrauch dieser Worte und vor der Oberflächlichkeit derer, die jetzt wieder zu Ostern auf den Straßen bunt bemalte Kinder und Plakate herumtragen und ständig das Wort »Frieden« im Munde führen.

Ich sage euch:

Noch nie ist die katholische Kirche für irgendetwas auf die Straße gegangen.

Nicht in den schwersten Stunden der deutschen Geschichte und auch nicht heute. Noch stets haben wir uns ins Gebet vertieft und Gottes Ratschluss gesucht und haben so die Jahrhunderte gut überstanden.

Um die Festigkeit unseres katholischen Friedenswillens zu bekräftigen, werden wir uns von nun an vierteljährlich zum Friedensgebet in Münster treffen, wenn die Sirenen den ABC-Alarm verkünden. Das bischöfliche Bauamt hat einen Umbau genehmigt, und wir haben das Seitenschiff unseres Gotteshauses mit einem Bunker versehen; auch ein kleiner Kreißsaal ist dabei. Dort wollen wir dann eine Krypta-Vesper einnehmen. Bringt dazu alle aus dem Katastrophenschutzsortiment Gesangbuch, Kerzen, Wolldecke und ein Päcklein Studentenfutter mit, das wir dann stimmungsvoll miteinander knabbern wollen.

Was aber könnt ihr denen unter euch sagen, die nicht zu unserem Friedensgebet kommen und weiter die Straßen mit Menschenschlangen blockieren? Was für ein schreckliches Wort: »Menschenschlangen«.

Fragt sie doch einfach einmal, was das denn ist: Frieden. Frieden, was heißt das denn? Der wirkliche Frieden, wie wir ihn verstehen, ist im Grunde zwiefach bedroht. Vom Antichrist im Osten und vom Antichrist in uns.

Jener verbirgt sein kriegerisches Antlitz vor uns und ist noch immer unbesiegt. Und der Antichrist in uns, ist der besiegt?, müssen wir uns fragen. Die Antwort lautet: nein! Dreister denn je zuvor triumphiert er in vielen Herzen und rüttelt an den Grundfesten unserer Nächstenliebe!

Gerade unter denen, die sich selbst zu den neuen Aposteln des Friedens ernennen, finden wir die tausendfachen Mörder ungeborenen Lebens! Krieg im Mutterleib! Tod der wehrlosen Leibesfrucht zum Zweck ungestörter Fleischeslust!

Nein, nein und nochmals nein!

Wer den Ausschabungslöffel im Kleide birgt, wage es nicht, die Worte »Liebe« und »Frieden« in den Mund zu nehmen.

Steht nun auf und empfangt den Schlusssegen:

Hütet euch vor der Straße und all ihren Versuchungen.

Schließt die Augen vor allem, was euch bedroht.

Geht eures Weges in Demut und werdet nicht schwach im Angesicht der Zukunft, die noch im Dunkeln liegt, aber eines Tages in gleißendem Licht aufgehen wird, heller als 1000 Sonnen!

Die Osterkollekte ist wie alle Jahre bestimmt für die von Hunger und Krieg Bedrohten in der Dritten und Vierten Welt.

Zur Einweihung der Konstanzer Kinderklinik 1988 wurde im Steigenberger Insel-Hotel – »unserem ersten Hotel am Platz«, wie das Bürgertum so etwas voller Stolz nennt – eine große Wohltätigkeitsgala zelebriert. Vom Erlös, der Eintritt kostete immerhin 150 Mark pro Person, sollte eine »kindgerechte Ausstattung« der Krankenzimmer und Flure des Neubaus ermöglicht werden.

Initiatoren waren Eltern, die dem rührigen Kinderarzt Professor Dr. Schwenk, dem zukünftigen Klinikleiter, Gesundheit und Leben ihrer Kinder verdankten. So betrachtet ein gelungenes Beispiel für lebendigen Bürgersinn.

Merkwürdig war, dass der Baubürgermeister der Stadt, Dr. Hansen von der CDU, die Schirmherrschaft übernehmen sollte. Der Mann, der dafür verantwortlich war, dass bei einem Bauvolumen von fast zehn Millionen ausgerechnet bei der kindgerechten Ausstattung der Kinderklinik 30 000 Mark fehlten!

Einer der Initiatoren vereinbarte mit mir, den Psychologen Schramm als offiziellen Festredner der Gala das vom ortsansässigen Pharmakonzern Byk Gulden gestiftete opulente Buffet eröffnen zu lassen. Es gelang, die selbstzufriedene Feststimmung der Gala so nachhaltig zu stören, dass sich die Gäste dem von mir eröffneten Buffet verweigerten. Ein Conférencier versuchte dann, die Gemüter zu beschwichtigen, und bat, meine Rede als Scherz zu betrachten und bitte mit dem Essenfassen zu beginnen. Für mich ein gelungener Abend.

Bürgerliche Wohltätigkeit

Meine sehr verehrten Damen und Herren!

Liebe Wohltäterinnen und Wohltäter!

Wir erleben in vielfacher Hinsicht einen bemerkenswerten Abend. Ein exquisites Buffet, schöne Frauen und große Weine einer alten Kulturlandschaft, zusammengeführt in einer festlichen Ballatmosphäre, die wir nicht zuletzt der sorgfältigen Auswahl der Gäste verdanken: Wo gibt es das heute noch? Und: Wem verdanken wir dieses kulturelle Kleinod?

Es lohnt sich, dieser Frage kurz nachzugehen. Auf den ersten Blick ist es ein scheinbarer Missstand, der diesen glanzvollen Abend hervorbringt. Beim millionenteuren Bau der neuen Kinderklinik fehlen am Ende ein paar zehntausend Mark für die kindgerechte Ausstattung. Professor Schwenk, der Klinikleiter, hat uns ja den unmittelbaren Anlass dargestellt.

Aber lassen Sie uns noch für einen Moment der Frage folgen, weshalb derartige Ereignisse wie der heutige Wohltätigkeitsball so selten geworden sind.

Es hat ja zu allen Zeiten die großen Bälle der Burschenschaften, der Logen, Rotarier und Lions Clubs gegeben, die wesentlich der Unterstützung und Förderung des männlichen akademischen Nachwuchses dienten. Auch die Stahlindustrie hat zu Beginn des Jahrhunderts, in den schweren Zeiten der Weimarer Republik und in der Krisenzeit der siebziger Jahre den notleidenden und bedrängten Parteien Unterstützung zukommen lassen.

Gänzlich unvergessen aber die Hilfe im Kleinen: Die unzähligen Feste und Basare rühriger Bürgersfrauen, die sich die Finger wund strickten für die wärmende Winterkleidung der einfachen Soldaten, die zum Wohle des aufsteigenden Bürgertums ins Feld zogen.

Natürlich brauchen wir heute keine Pulswärmer mehr für die Infanterie zu stricken. Und ein Ball wie dieser mit einer Spendensumme von 20 bis 30 000 Mark könnte gerade mal den Sitzgurt vom Schleudersitz des neuen Abfangjägers der Luftwaffe finanzieren.

Fraglich ist auch, ob die von uns so beschenkten Kampfflieger die Spende auch mit einem dankbaren Leuchten ihrer dunklen Kinderaugen und einer kleinen Flugvorführung mit dem neuen Spielzeug vergelten würden.

In diesem Bereich ist also aus gutem Grund die Gemeinschaft aller Steuerzahler notwendig, und – dies sei anerkennend hinzugefügt – sie wird in diesem Bereich ihrer Aufgabe auch gerecht.

Aber wenn man oben den wehrhaften Arm des Volkskörpers mit der finanziellen Decke wärmt, werden unten die Füße kalt. Die Decke fehlt an der Basis des Gemeinwesens.

Auch hier gibt es jedoch Grenzen des für die Spendenbereitschaft so wichtigen guten Geschmacks. Stellen Sie sich vor, die oben genannte Summe fehlt im benachbarten Etat: Beim Dienstwagen des Landrats reicht es nicht für die S-Klasse. Der Landrat wäre gezwungen, einen nur mit dem unbedingt Erforderlichen ausgestatteten VW oder Opel fahren zu lassen mit allen schädlichen Konsequenzen für seine psychische Entwicklung. Ein Wohltätigkeitsball mit Tanzeinlage der Schreibkräfte und Tombola des Personalrats wäre kaum denkbar, das Spendenaufkommen eher gering.

Der adäquate Platz von Wohltätigkeitsveranstaltungen ist deshalb ohne Zweifel der soziale Bereich. Nur hier ist eine finanzielle Lücke sinnvoll und trifft auch auf das schlummernde Bedürfnis potenzieller Spender.

Und noch ein anderer, sehr wichtiger Aspekt soll hier erwähnt sein: Wir dürfen nicht nur einseitig den Nutzen der Spende für den Beschenkten sehen, sondern auch den Output für den Spender.

Professor Schwenk hat in seinem Einladungsschreiben zu Recht auf das in den USA sehr viel weiter verbreitete und bewährte System privater Spenden und »Welfare«-Veranstaltungen hingewiesen, die heute ein wichtiger und unverzichtbarer Bestandteil des gesellschaftlichen Lebens höherer Schichten in den USA geworden ist.

Wie groß der allseitige Nutzen daraus ist, belegt vielleicht am besten die Äußerung eines berühmten New Yorker Psychoanalytikers: »Viele Manager und beruflich Selbstständige können ohne ihr soziales und finanzielles Engagement in Welfare-Organisationen die Kälte des Berufslebens nicht mehr ertragen. ... Das soziale Elend ist geradezu notwendig, um dort durch Wohltätigkeit Schuldgefühle abzubauen und der Freizeitdepression und Drogen- und Therapieabhängigkeit Besserverdienender vorzubeugen.«

Eine eindrucksvolle Symbiose.

In unserem Land ist es in der Wiederaufbauphase nach dem Krieg zur Errichtung eines so umfassenden öffentlichen Sozialnetzes gekommen, dass ein Verfall des Wohltätigkeitsstrebens in bürgerlichen Kreisen die Folge war. Und der kleine Mann auf der Straße gewöhnte sich daran, soziale Leistungen als ein forderbares Bürgerrecht anzusehen.

Erst jetzt dringt wieder ins Bewusstsein aller – und unser Abend leistet in diesem Sinne einen wichtigen Dienst –, dass bestimmte soziale Leistungen eine Gabe sind, die erst dann gewährt werden kann, wenn bestimmte Spielregeln wie steuerliche Entlastung Besserverdienender und Verzicht auf ihre Diffamierung eingehalten werden.

Dieses neue gesellschaftliche Verständnis wird auch uns hier Versammelte mit dem Obulus von 150 Mark Eintritt aus der Anonymität namenloser Steuerzahler herausführen und uns zu in der Lokalpresse gefeierten Wohltätern unserer Gesellschaft machen.

Und wir können dadurch nicht nur unsere gesellschaftliche und politische Position festigen, sondern steigern auch unser persönliches Selbstwertgefühl.

Zusammenfassend sollten wir in diesem gelungenen Abend eine Gelegenheit sehen, den Wirkmechanismus eines modernen Staates zu demonstrieren: das Nehmen und Geben der bürgerlichen Führungsschichten.

Oder wie der von uns allen so verehrte Kurt Tucholsky sagte: Wir nehmen die Mark, aber wir geben den Pfennig.

So löst sich der scheinbare Widerspruch, liebe Festgäste.

Und wenn sich Ihnen nun das Buffet öffnet, denken Sie daran: Mousse au Chocolat ist etwas Feines, aber was Sie heute Abend erhalten, ist mehr, ist Humanismousse au chocolat, Wohltat mit Geschmack.

Guten Appetit.

Zu einer unbeabsichtigten Störung des Betriebsfriedens kam es bei der Preisverleihung des deutschen Kleinkunst-Preises 1991 im Mainzer »unterhaus«. Ich ließ Georg Schramm einen Fernsehunterhaltungsredakteur parodieren, der sich über den Niedergang des politischen Kabaretts, seine überalterten Protagonisten und das gleichaltrige Publikum lustig machte. Während bei der öffentlichen Generalprobe mit einem für Kabarettverhältnisse jungen Publikum von Selbstzahlern noch alles glatt ablief, fühlte am Abend bei der Fernsehaufzeichnung das aus geladenen Ehrengästen bestehende Seniorenpublikum sich und ihr Idol Hanns Dieter Hüsch persönlich angegriffen und reagierte mit heftiger Ablehnung bis hin zu Verbalinjurien gegen meine Person beim anschließenden kalten Buffet. Meine Interpretation eines oberflächlichen »Zeitgeist«-Redakteurs wurde danach in der Presse als zu wenig überzeichnet kritisiert, man habe Georg Schramm mit einem echten Redakteur verwechseln können!

Dieses Missgeschick wiederholte sich ein Jahr später bei der Verleihung des Kabarettpreises »Salzburger Stier«. Mein »Redakteur« hielt die Laudatio auf den Preisträger Georg Schramm, also auf sich selbst, in Form einer kritischen Abrechnung mit dem politischen Kabarett. Erneut wurde ich mit einem echten Redakteur verwechselt, diesmal von einem österreichischen Kabarettisten, der als Preisträger des Vorjahres Ehrengast war. Er unterbrach meine Laudatio und kam auf die Bühne, um mit dem Publikum über das aus seiner Sicht skandalöse Verhalten eines Unterhaltungsredakteurs zu diskutieren.

Ein wohlmeinender Beobachter der Kabarettszene riet mir danach, bei solchen Parodieversuchen sicherheitshalber eine rote Nase aufzusetzen, um das Kabarettpublikum nicht zu überfordern.

Seit dieser Zeit interpretiere ich Unterhaltungsredakteure nur noch als Clown mit roter Nase.

Rede zur Verleihung eines Kleinkunst-Preises

Meine sehr verehrten Damen und Herren Ehrengäste, liebe Zuschauer!

Bevor wir zur Verleihung des Kleinkunst-Preises 1991 in der Sparte Kabarett kommen, möchte ich mit Ihnen einen Blick voraus ins 3. Jahrtausend werfen. Feiern wie diese sind immer auch Momentaufnahmen des Zeitgeistes, der Reflexion, der Standortbestimmung. Die 25-Jahr-Feiern der traditionsreichen deutschen Kabarettbühnen und -ensembles sind längst absolviert, und ihre Protagonisten nähern sich dem Rentenalter oder überschreiten es ungehindert.

Die Kabarett-Veteranen beklagen Verflachung und Entpolitisierung der Satire und reagieren auf das Wort »comedy« ähnlich wie unsere Eltern auf das Wort »Hippie«.

Der Satz »Satire darf alles!« war eine Kampfansage zu Zeiten, da noch vieles verboten war. Wenn Sie heute mit tucholsky-schwangerem Unterton zu jungen Leuten sagen: »Satire darf alles!«, dann sagen die: »Ja und? – Wir auch!«

Also: Ziel erreicht, verdienter Ruhestand?

In der klassischen Definition des deutschen Kabarettarchivs heißt es tapfer: »Kabarett besitzt keinen Erlebnis-, sondern Erkenntnischarakter.« Aber der moralische Zeigefinger ist tot, wir leben im Zeitalter des Infotainments. Die Comedy boomt, während manche Jury schon verzweifelt nach gehfähigen Kabarettisten sucht, die ihren Preis noch nicht haben.

Man kann den hier in der ersten Reihe versammelten

ZDF-Oberen nur gratulieren und neidlos konstatieren: Das ZDF hat die Zeichen der Zeit erkannt. Die vor zwölf Jahren verordnete Denk- und Sendepause für Kabarett und Satire soll demnächst abgerundet werden mit einer Serie »Die Geschichte des Kabaretts«, Sendezeit um Mitternacht, und danach ist einfach Schluss.

Respekt. Das ist die konsequente Umsetzung der Handlungsmaxime: »Bewährtes wiederholen und erhalten, nicht mehr Zeitgemäßes abschließen.«

Sigmund Freuds düsteres Unbehagen an der bürgerlichen Kultur muss durch ein helles Behagen an der Kultur der Postmoderne abgelöst werden.

Wie sagte schon Lothar Späth zur Eröffnung der »Caterina-Valente-Entertainment-Highschool« in Mannheim: »High Tech braucht High Culture!« Wir brauchen einen integrativen Kulturansatz: nicht kommerzielle Kunst, sondern künstlerischer Kommerz. Konsumgut als Kulturgut begreifen, die Ladenpassage von heute ist das Kulturzentrum von morgen.

Von Alessi, dem König des Küchen-Ambiente, stammt der Satz: »Design-Produktion ist anthropologische Kulturarbeit.«

Design bedeutet Freiheit durchs Objekt, bedeutet die Übertragung der Produktphilosophie auf den Käufer.

Wir gehen ja auch nicht mehr einfach Bier trinken, sondern wir gehen zur Erlebnisbrauerei. Die Bistrokultur mit der kleinen, schnellen Mahlzeit zwischen zwei Einkäufen hat die schwere deutsche Mehlsoße am heimischen Tisch abgelöst. Und dazu ein Kurz-Event in der UV-geschützten Ladengalerie, Wortartistik in der Länge eines Glases Champagner im Stehen, statt sich zwei Stunden auf harten Klappstühlen das schlechte Gewissen abzusitzen – das ist Lebensqualität 2000 für junge, dynamische Menschen.

Kleinkunst durchdringt den Alltag.

Alltag wird zur kleinen Kunst.

Wo Sie sind, da ist Auftritt und Bühne.

Ihr Outfit ist Ausdruck Ihrer Lebenskunst.

Wenn wir unter diesem Aspekt die hier im »unterhaus« versammelten Ehrengäste betrachten, dann sieht es düster aus.

Fazit: Vom traditionellen Kabarettbesucher ist wenig progressive Kulturdynamik zu erwarten, vom hoch subventionierten Theaterabonnenten schon gar nicht. Es klafft also eine Angebotslücke im Bereich des professionellen und Lifestyle-kompatiblen Entertainments für junge, kaufkraftstarke Zielgruppen.

Und bei allem Respekt kann der Conférencier des heutigen Abends diese Lücke auch nicht schließen. Der hochverehrte Herr Hüsch macht ja schon fast trotzig all das, wofür ein Anfänger der »Caterina-Valente-Highschool« schon bei der Aufnahmeprüfung durchgefallen wäre. Ein farbloses Outfit ohne einen einzigen Kostümwechsel, sparsamste Bewegungsabläufe und ein vielfach verschachtelter Satzbau. Es soll Abende geben, da setzt er sich mit 130 Seiten und zwei Akkorden an die Orgel und sagt: »Da müssen Sie jetzt durch!«

Manche sehen in Hüsch eine Art Karl Dall für Altphilologen, andere halten ihn für den Vorlese-Opa der im Reihenhaus ansässig gewordenen Protestgeneration.

Ein Mann, der Erbsensuppe kochen für eine Kunst hält und Bananen »indisch« für Teufelswerk, der passt nur noch in eine Kellergruft wie das »unterhaus«, wo die Speisekarte aus Würstchen und Schmalzbrot besteht. Aber Sie hier lieben ihn, lieben dieses Ambiente, lieben die Sozialromantik eines Schmalzbrots, und spätestens, wenn Sie das Durchschnittsalter hier im Saal schätzen, werden Sie erkennen: Hanns Dieter Hüsch ist einer von uns.

Steigen Sie also ein in den Nostalgiezug mit der kabarettistischen Dampflok Hüsch, die schon fuhr, als man noch Zeit hatte, am Rhein die Schiffe zu zählen.

Und wenn jetzt unserem Altmeister jemand auf die Bühne hilft, dann kann ich nur noch sagen: Zurücktreten, der Zug fährt ab.

Ich selbst, die »Reizfigur« Dombrowski, betrat die Bühne zunächst auch eher zögernd. Mein misslungener Vortrag über den Verlobungskuss war mir eine Warnung. Zukünftige Auftritte bedurften der Umstrukturierung. Der zwischen mir und den alternativen Müttern zutage getretene Erziehungs- und Generationenkonflikt musste direkt thematisiert werden, dessen war ich mir sicher. Ich stellte die Thematik in den Mittelpunkt und wählte Veranstaltungsorte, an denen ich vor Säuglingen und stillenden Müttern sicher war. Um eine von mir gewünschte Streitkultur zu begünstigen, verzichtete ich auf die Benutzung der Bühne und trat im erleuchteten Zuschauerraum direkt vor das Auditorium, was an gelungenen Abenden eine von mir als produktiv empfundene Unruhe und herzerfrischende Streitereien zur Folge hatte.

Der ungeladene Hochzeitsgast

Gespräch mit einem jungen Paar im Zuschauerraum

Entschuldigen Sie, wenn ich hier so reinplatze. Guten Abend. Ich suche das Brautpaar. Ach, da seid ihr ja. Ich nehme an, Sie sind die Braut. Das muss man heutzutage ja fragen. Früher war es möglich, dass sich die Braut auch schon mal vor der Hochzeit vorgestellt hat. Aber heute ist das alles anders.

Dann stelle ich mich eben vor. Mein Name ist Dombrowski, Lothar Dombrowski. Ich bin der Patenonkel vom Bräutigam. Sein Vater ist ja im Krieg draußen geblieben, wie man sagt. Er war quasi Halbwaise, ich habe mich etwas um die Mutter gekümmert, und er kam ja dann auch bald.

Wussten Sie eigentlich, dass er für Frauen kein Händchen hat? Es ist ja nun nicht der erste Versuch mit Ihnen. Heutzutage haben die jungen Leute kein rechtes Verhältnis mehr zur Ehe. Entweder heiraten sie gar nicht oder dauernd. Das Ganze wird wohl mehr für einen Jux gehalten. Aber man heiratet ja schließlich nicht zum Spaß. Nach ein, zwei Jahren hat es sich ausgelacht. Eine Ehe ist doch eher eine Art Notgemeinschaft. War es früher jedenfalls. Was glaubt ihr denn, warum man früher so lange verheiratet war? Weil man das Geld für die Scheidung nicht hatte.

Aber mal was anderes: Kann es sein, junge Frau, dass bei Ihnen etwas unterwegs ist? Man wird ja mal fragen dürfen. Ich kann Ihnen da nur abraten. Mögen Sie Kinder? Dann sollten Sie keine machen. Wer Kinder mag, sollte keine mehr machen. Wovon wollen Sie so ein kleines Würmchen denn ernähren heutzutage? Wollen Sie ihm etwa die Brust geben? Dann könnte ich Sie wegen Lebensmittelvergiftung anzeigen!

Es ist doch alles verseucht, lesen Sie keine Zeitung? Überall fliegt das Dioxin und die ganzen Abkürzungen in der Gegend rum. Das kriegt das kleine Würmchen doch alles mit, bevor es überhaupt da ist. Da brauchen Sie gar nichts zu essen, einfach nur einzuatmen. Sie können doch nicht neun Monate lang die Luft anhalten. Das geht alles ratzfatz in den Mutterleib, und schon kommt ein kleiner Krüppel bei raus. Den wirst du dann nicht mehr los.

Außerdem sind wir sowieso schon genug. Und werden immer noch mehr. Was da alles jetzt zu uns kommt. Und alle haben Kinder dabei. Ein Koffer, zwei Kinder. Ich mag schon gar kein Fernsehen mehr gucken. Und das ist noch lange nicht das Ende. Wenn erst mal alle aus der DDR da sind, kommen dann noch die von ganz hinten aus dem Osten, wo der Hund begraben ist.

Alle heim ins Reich, aber mit 50 Jahren Verspätung. Geschieht uns aber recht. Wir haben sie ja alle haben wollen, als wir noch nicht wussten, dass sie kommen dürfen. Nun kommen sie, und zwar ohne alles, wir dachten ja früher, sie bringen wenigstens das Land noch mit.

Aber damit ist dann immer noch nicht Schluss. Dann kommt nämlich noch der Neger, und der kommt nicht nur zu Besuch. Am Ende können wir froh sein, wenn er überhaupt noch klopft, der Neger. Und wisst ihr, warum der kommt? Weil ihr den Hals nicht voll genug bekommt! Das ist der Grund!

Es gibt ein Naturgesetz: Wenn irgendwo der Futternapf zum Überlaufen voll ist, dann kommen die Viecher von allen Seiten angerannt. Das macht jedes Lebewesen so. Ganz normal. Und bei euch hier läuft der Napf über. Geht doch mal in den Supermarkt, da biegen sich die Regale. Neuerdings ist immer noch ein Stehbistro dabei, weil ihr das gar nicht mehr alles tragen könnt, was ihr fressen wollt.

Und vorn an der Kasse, wo früher Haribo und Tabak lag, da gibt's jetzt fünf Meter Hundekuchen, vier Meter Kitekat und noch einen Meter für den Hamster. 7-Tage-Katzen-Menü, damit die Muschi sich nicht langweilt. Das fressen wir doch alles dem Neger weg!

Also nicht wir, aber die Viecher. Dieser Sojakram da drinnen, unsereins isst das ja nicht, aber der Neger ernährt sich von so was. Ist doch klar, dass der hierher kommt, wenn er mitkriegt, dass das hier jeder Dackel frisst.

Und da helfen auch keine neuen Ausländergesetze. Der Neger sitzt doch nicht im Busch und blättert im Gesetzbuch, der sitzt im Busch und hat Hunger.

Wir müssen denen was abgeben, und zwar da unten, wo sie leben. Denen muss man auch ein paar Schüsseln voll hinstellen und sagen: So, ihr sollt auch nicht leben wie ein Hund. Dann kommen sie auch nicht – in ihren kurzen Hosen. Die kennen ja zum Teil gar keinen Winter.

Das habe ich kürzlich in einem Faltblatt der Ärzteinnung gelesen, das lag bei meinem Hausarzt aus. Da stand drin, dass wir uns nicht zu wundern brauchen, wenn wir immer länger warten müssen beim Arzt und das Ganze immer teurer wird. Weil die Flüchtlinge die Wartezimmer verstopfen, schreibt die Ärzteinnung, sie vertragen das Klima nicht. Die Indianer sollen sogar an Grippe gestorben sein. Sie brauchen nicht zu lachen, die Ärzte müssen das doch wissen, das sind doch die Fachleute in Rasse- und Hygienefragen. Immer schon gewesen.

Man kann sich mit jungen Leuten gar nicht mehr ernsthaft über solche Dinge unterhalten. Ihr lasst euch nichts mehr sagen. Vielleicht fehlen euch ein paar unangenehme Erfahrungen, wie wir sie gemacht haben. Ich habe meine Lektion gelernt, den Arm hier, den habe ich ja nicht vom Tennis spielen. Den habe ich beim Russen gelassen.

Ich wünsche niemand Krieg, aber ein paar schlechte Jahre könnten vielleicht helfen, dass ihr wieder auf den Teppich kommt. Bei den Politikern ist es genau dasselbe. Diese ganze Nachkriegsgeneration kann man doch den Hasen geben. Und die Alten sterben aus. So einer wie Franz Josef Strauß, das war noch ein richtiger Drecksack. Heute gibt's nur noch lauter kleine graue Dreckspatzen, die alle gleich aussehen. Laschmänner, die nichts mehr aushalten. Der Barschel, der hat ja noch nicht mal die Tabletten vertragen. Ein echter Terrorist geht an solche Politiker gar nicht mehr dran. Nur noch Irre.

Gut, das nehme ich jetzt zurück. Das ist mir so rausgerutscht. Weil es mich aufregt, wenn junge Leute so tun, als wüssten sie schon alles.

An sich bin ich von Haus aus ein fröhlicher Mensch. Gerade bei Feierlichkeiten bin ich bekannt dafür, dass ich auch mal eine kleine Einlage mache. Hochzeit, Kindstaufe, Leichenschmaus, da gebe ich immer gern eine kleine Einlage zum Besten. Das hatte ich heute Abend auch vor, ich wollte zur Auflockerung ein Lied vortragen. Das Lied eines Kriegskameraden, der im Feld geblieben ist, in Stalingrad, zwei Tage, nachdem er den Gefrierfleisch-Orden bekommen hatte. Offiziell hieß er Winterfeldzug-Orden. Aber wir nannten ihn Gefrierfleisch-Orden, weil mehr als fünf Gliedmaßen abgefroren sein mussten, damit man ihn bekam. Und er hatte ja nur noch zwei Finger, gerade genug, dass er den Orden noch entgegennehmen konnte. Und zwei Tage später war er steif wie der Orden. Wir haben den Orden dann auch gar nicht mehr in ihn reingekriegt. Tragische Sache. Aber auch nicht das Richtige für eine Hochzeit. Und für das Lied ist hier auch irgendwie keine Stimmung.

Dann gehe ich besser wieder. So was wie »Lassen Sie sich nicht stören« braucht man ja bei Ihnen nicht zu sagen.

Guten Abend.

3 Preuße sein – eine Geisteshaltung

Meine geistige Heimat ist Preußen. Aber »Ich bin Preuße« kann man nicht einfach so sagen, wie ein anderer sagen kann: Ich bin Bayer. Preuße sein bedeutet eine Geisteshaltung, und zwar eine andere als der dumpfe Tribalismus beim Bayern, der unabhängig von seinem Geisteszustand das dunkle Gefühl hat, irgendeiner Art von Volksstamm anzugehören.

Der Volksstamm der Prußen, die Ureinwohner Preußens, ist schon vor vielen Jahrhunderten von den Deutschordensrittern ausgerottet worden, und zwar ziemlich gründlich. Dagegen ist der Indianer vergleichsweise glimpflich davongekommen.

Preußen als eigenständiger Staat endete 1871 im Deutschen Kaiserreich und wurde 1947 als einziges deutsches Land von den Siegermächten aufgelöst. Bei der Kaiserkrönung 1871 musste der preußische König Wilhelm, von Weinkrämpfen geschüttelt, von Bismarck quasi mit gezogenem Säbel gezwungen werden, sich die deutsche Krone aufsetzen zu lassen. In der Geburtsstunde des Deutschen Reichs läuteten die Totenglocken Preußens.

Ein Satz mag genügen, um meine geistige Heimat zu charakterisieren. Der Alte Fritz wollte keinen Nationalstaat, sondern einen Rationalstaat. Im Spiegelsaal von Versailles endete dieser Traum, während die Champagnerkorken knallten. Ich besuchte Friedrichs Grab im Sommer 1992, ein Jahr nach Überführung seiner sterblichen Reste nach Sanssouci, den Ort, an dem er sich die letzte Ruhe gewünscht hatte. Bedauerlicherweise störte damals Bundeskanzler Kohl durch seine Anwesenheit die letzte Ruhe Friedrichs, der in seinem Testament gebeten hatte, allein bestattet zu werden. Der gelernte Historiker Kohl, der seine Doktorarbeit über das historisch bedeutende Thema »Die politische Entwicklung in der Pfalz und das Wiederentstehen der Parteien nach 1945« geschrieben hatte, wollte am Grab etwas vom Glanz des Preußenkönigs auf sich fallen lassen, wohl wissend, dass die eigene Leuchtkraft gerade mal reichte, um nachts heimlich den Bimbes in seinen schwarzen Kassen zu zählen.

Gedanken am Grab Friedrichs des Großen

Es hat lange gedauert, über 200 Jahre, bis der Alte Fritz an dem Ort zur letzten Ruhe kam, den er sich selbst ausgesucht hat. Man sollte das Grab nicht tagsüber besuchen, wenn die Reiseleiter hier ihre Witze machen und Busladungen von Asiaten sich gegenseitig fotografieren, ohne zu begreifen, wo sie sind. Nur früh am Morgen oder gegen Abend kann man das Besondere des Ortes spüren. Die schlichte Steinplatte ist leicht zu übersehen, obwohl nur wenige Meter von Sanssouci entfernt. Kein Denkmal, kein Zaun, nur eine einfache, schnörkellose Grabplatte. Klein, bescheiden, schnörkellos, wie er und sein Land.

Für viele ist heute der Hauptmann von Köpenick typisch für Preußen. Aber zu Schuster Voigts Zeiten war das einstmals moderne kleine Königreich Preußen schon tot, zum beiderseitigen Unglück in Deutschland aufgegangen. Der Ärmelschoner war zum Hoheitsabzeichen des deutschen Beamten geworden und Wilhelm II. nur noch die plumpe Karikatur preußischer Staatskunst, wie Bismarck sie verkörpert hatte.

Vor meinem Auge leuchtet an Friedrichs Grab ein anderes Preußen, das Preußen seiner Zeit: klein, bescheiden und geistig beweglich. Im Gegensatz zum großen, behäbigen und selbstgefälligen Deutschland von heute. Friedrich der Große hat sein Land verkörpert, so wie Kanzler Kohl das heutige Deutschland verkörpert. Dieser Mann ist eben keine Fehlbesetzung, es ist schlimmer: Er ist das personifizierte Deutschland. Sein Äußeres, seine Gestik, Mimik, seine Versuche, einen klaren Gedanken zu fassen – ein wahres Abbild seines Landes.

Damals, zu Friedrichs Zeiten, hätte es kein Beamter gewagt, für den Umzug nach Berlin eine Extrakutsche erster Klasse zu verlangen. Da hätte es keine Probefahrt mit dem »Schnupper-ICE« nach Berlin gegeben, wo unterwegs Possenreißer Didi lustige Grimassen schneiden muss, damit der Beamte nicht übellaunig ist, wenn er in der neuen Hauptstadt seinen Immobilienmakler trifft.

»Kerl kriegt nix!«, hätte der Alte Fritz gerufen, »Kerl

hat nur seine verdammte Pflicht und Schuldigkeit getan!«

Staatsdiener, der Begriff war damals noch wörtlich gemeint. Und der König hat es vorexerziert. Nicht einmal der erste Diener seines Staates war er, sondern »der erste Hausknecht im Staat bin ich«, hat er gesagt. Da müssten unseren Politikern doch die Ohren klingen. Heutzutage betrachten die Beamten ihren Staat als Selbstbedienungsladen, in dem sie sich voll beladen an der Kasse vorbeidrücken können, weil sie Hausdetektiv und Ladendieb in einer Person sind.

Aber ich komme vom Thema ab.

Vielleicht, weil Kanzler Kohl diese Grabstätte durch seine Anwesenheit bei der Umbettung kontaminiert hat. In grotesker Verkennung des Letzten Willens des Königs. Nur um sich an den Rockzipfel der Geschichte zu hängen. Nur er allein stellt sich bei der Umbettung ans Grab und merkt nicht, in welche Gesellschaft er sich da begibt. Hauptsache, er kommt ins Geschichtsbuch. Hindenburg und Hitler und die anderen Heilsbringer der deutschen Geschichte haben diese Nummer doch auch abgezogen: allein an Friedrichs Grab bei Kerzenschein. Da lag er noch in der Potsdamer Garnisonskirche, wo er gar nicht hinwollte. Dann hat ihn der deutsche Größenwahn kurzfristig ausquartiert, weil der Endsieg näher rückte – da wollten sie ihn wohl nicht dabeihaben –, und nun liegt er endlich da, wo er hinwollte. Neben ihm seine Hunde. Das war sein Letzter Wille: Nur von seinen Hunden umgeben um Mitternacht bestattet werden, allein, beim Schein einer Laterne. Seine Hunde hat er gekriegt, aber statt einer Laterne stand ein Armleuchter am Grab.

Dessen Strickjacke jetzt im Museum neben dem Rock des großen Königs hängt. Da bringt einer seine Strickjacke selber ins Museum, weil er sie für den Mantel der Geschichte hält. Weil er damit rumlief, als Gorbatschow ihm die Reste der DDR überließ. Man stelle sich vor, der Alte Fritz trifft den Zaren, sie teilen beim Frühstück Polen auf, und anschließend gibt der König seinen Rock ins Museum. Eine absurde Vorstellung. Außerdem hatte Friedrich nur zwei Röcke.

Aber so viel Selbsteinschätzung hat Kohl, um zu wissen, dass niemand außer ihm auf die Idee käme, seine C&A-Jacke in eine Vitrine zu hängen. Nur er hält sich für den Größten, den Kanzler der Superlative. Eigentlich gehört er eher ins Guinness-Buch der Rekorde. Der Größte, der Schwerste, der Längste im Amt, der den ältesten deutschen Dichter an dessen 100. Geburtstag mit einem Kaffeeplausch beehrt. Ernst Jünger, dessen größter Wunsch ist, auch noch seinen dritten Weltkrieg mit Lobeshymnen begrüßen zu dürfen. Ernst Jünger und die Reinigungskraft der Stahlgewitter, glücklich vereint mit unserem Meister Proper.

Es ist ein Elend. Kein Voltaire mehr und kein Friedrich, nur noch Ernst Jünger und Helmut Kohl.

Gerade an diesem besonderen Ort spürt man schmerzlich, wie sehr uns große Geister fehlen. Hier ging der König oft mit Voltaire spazieren. Der lebte drei Jahre bei Friedrich. Hier konnten sie ungestört über Gott und die Welt herziehen, ab und zu vielleicht einen Kirchenwitz zur Auflockerung, beneidenswert. Pfaffen hatten beim Alten Fritz Hausverbot. Keine Pfaffen, keine Weiber, hieß es in Sanssouci. Was für ein Ort.

Pfaffen mochte der König grundsätzlich nicht. Höchstens im Kriegsfall. Da hat er Feldprediger engagiert, damit seine Soldaten beim Sterben nicht so unruhig wurden. »Besorgt mir reichlich Feldprediger …«, hat er mal vor einem Krieg gesagt, »… sie müssen nicht intelligent sein. Je dümmer, desto besser.«

Und dass er die Frauen hier nicht haben wollte, was soll man da sagen. Daran war damals wohl die Kadettenanstalt schuld. Not macht erfinderisch, und auch der Kadett kann sich's nicht durch die Rippen schwitzen, wie man so sagt. Und später wird er dabeigeblieben sein: Ein junger Kadett zum Frühstück, und danach gut durchblutet an die Staatsgeschäfte, das war ihm der liebste Tagesablauf. Und es kam was dabei raus! Wenn so was unsere Regierung zur Vernunft bringen würde, könnten sie meinetwegen unseren Offiziersnachwuchs auf Krankenschein kriegen.

Über Deutschland hat sich Friedrich übrigens gar keine Gedanken gemacht. Heute könnte man sagen, er hat eher europäisch gedacht als deutsch. Er hätte mit den deutschen Klassikern theoretisch auch Kaffee trinken können: Schiller, Goethe, Lessing. Die haben sich über den deutschen Charakter schon Gedanken gemacht, bevor es einen gab. Das wird auch der Grund gewesen sein, dass der Preuße Friedrich sie nicht mochte. Das Deutsche war ihm wohl zu miefig.

Und er mochte es nun mal gern französisch. Deutsch sprach er kaum, »gerade mal genug, dass mich die Pferde verstehen«, also eher unbeholfen. Vielleicht das Einzige, was Kohl wirklich mit dem Alten Fritz gemeinsam hat.

Das Liebste waren ihm seine Hunde. Die Menschen mochte er nicht. Und ihn hat wohl auch niemand so richtig gemocht. Aber respektiert haben sie ihn. Das musste reichen. Ich wäre ihm gern begegnet. Ich mag auch kein emotionales Durcheinander.

Ein vernünftiger Gedanke, klar formuliert: Das ist das höchste der Gefühle.

Und Preußen, das war ein vernünftiger Gedanke.

Im April 2001 bot sich mir aus aktuellem Anlass noch einmal die Gelegenheit, im »Scheibenwischer« auf den Verfall des preußischen Erbes hinzuweisen. Es war der 300. Jahrestag der Gründung Preußens, der ARD fiel nichts Originelleres dazu ein, als Katharina Thalbach mit schief sitzender Pickelhaube als Werbeträger zu engagieren, und die CDU begann zum dreihundertsten Mal eine Debatte zur deutschen Leitkultur. Ein Thema, bei dem sich jeder Unionschrist – so wie beim Fußball jeder Stammtischbruder – für kompetent und berufen hält, der Nationalmannschaft zu sagen, wo es langgeht.

Das preußische Erbe

Wenn wir hier schon kreuz und quer über deutsche Werte, Leitkultur und Ähnliches diskutieren – sogar vom deutschen Leitvolk ist in der Union die Rede –, dann dürfen wir eins nicht vergessen: das geistige Erbe Preußens.

Preußen immer nur mit Pickelhaube gleichsetzen ist

grober Unfug. Der preußische Generalmajor Czettritz hat zum Beispiel die Kölner Karnevalsmütze erfunden. Gut, das ist kein sehr gelungenes Beispiel kultureller Weiterentwicklung. Preußen hat mehr zu bieten als bizarre Kopfbedeckungen, wollte ich damit sagen. Preußen war nicht nur Pickelhaube, wie die BRD nicht nur Helmut Kohl war. Pickelhaube und Kohl waren Zeichen des geistigen Verfalls.

Aber nehmen wir zum Beispiel unser ältestes demokratisches Erbe: die deutsche Revolution in Preußen 1848. Völlig unter die Räder gekommen.

Herr Stölzl, der leider Kultursenator in Berlin sein darf – den Namen müssen Sie nicht kennen, eine süddeutsche Verniedlichung von »der kleine Stolzierer« –, ein Mann übrigens, der nur vor dem Hintergrund seiner Senatskollegen weltläufig wirkt, dieser Stölzl hat im Deutschen Historischen Museum eine Ausstellung »150 Jahre Deutsche Revolution« verhindert und stattdessen die Ausstellung »150 Jahre Diakonie und Innere Mission in Deutschland« eröffnet! Eine konservative Instinktlosigkeit!

Oder die Staatsidee vom Alten Fritz. Postnational, eine geradezu europäische Vision! Er wollte keinen Nationalstaat, sondern einen Rationalstaat. Preußen war nie Nation, war nie Volk, da tummelte sich halb Europa, gut gelaunt und ohne Leitvolk.

Und heute? Die Konservativen führen eine Debatte, die weit hinter den Alten Fritz zurückfällt.

Nehmen Sie die berühmte preußische Toleranz des Alten Fritz. Der war nicht tolerant, weil er die Menschen mochte oder womöglich an den lieben Gott glaubte.

Ach was! Er war tolerant aus Vernunft. Weil er seinen Verstand gebrauchte. Zum Thema Einwanderung sagte er kurz und bündig:

»Lasst die Türken kommen, ich will ihnen Moscheen bauen, wenn sie nur hübsch tüchtig sind.« Da wirkt der Konservative des Jahres 2001 wie finsteres Mittelalter.

Und dabei ist es egal, ob die CDU aus Taktik oder Dummheit solchen Unfug redet: Die konservative Glaubwürdigkeit bleibt auf der Strecke. Welcher Konservative ist denn im Bundestag noch persönlich glaubwürdig, frage ich Sie?

Mir fallen nur zwei ein – und die sind bezeichnenderweise in ihren Parteien ein Auslaufmodell: Thierse und Geißler.

Der eine ist katholischer Sozialdemokrat und der andere ein Jesuitenzögling. Das kränkt mich. Bitter für einen protestantischen Atheisten mit preußischer Seele. Aber beide werden in ihren Reihen nicht mehr für voll genommen.

Aber so sind sie, die Katholiken: immer wieder lichte Momente.

Doch letztlich prüft der Herr die Seinen:

Er schickt ihnen Angela Merkel, eine ostdeutsche Protestantin.

4 Anmerkungen zur Revolution 1848

In meiner geistigen Heimat kann ich denken und träumen, aber nicht leben. Seit Jahrzehnten liegt meine Wahlheimat in Baden (die vollständige Nennung des offiziellen Bundeslandes Baden-Württemberg verweigere ich aus Überzeugung). Zwischen Baden und Preußen existiert eine historische Feindschaft. Eingefleischte Badener sind der festen Überzeugung, dass ihr unbändiger Freiheitswille während der Revolution 1848 blutig unterdrückt wurde. Die Geschichte vom legendären Revolutionshelden Hecker lässt die Augen eines von der Sonne verwöhnten Badeners nach zwei Viertele Wein wässrig werden.

Am Lack dieses selbstverliebten Geschichtsbildes einige Kratzer platziert zu haben, erfüllt mich mit Genugtuung. Die Gelegenheit dazu verdanke ich einem anderen Wahlbadener, dem Kabarettisten Matthias Deutschmann. Er plante gemeinsam mit dem Freiburger Musikprofessor Lörscher für das Jahr 1998 zum 150. Jubiläum der Badischen Revolution einen Festakt. Deutschmann bot mir an, im Rahmen des Projekts »Bunter Abend für Revolutionäre« zwei große Vorträge zur Rolle Preußens bei der Niederschlagung des Aufstands zu halten. Ich vergab ein Referat an den Offizier Sanftleben, der die Legende vom Heckerzug von Konstanz über Kandern nach Freiburg aus militärischer Sicht auf den Boden der Tatsachen herunterholen sollte. Im zweiten Teil des Abends referierte ich selbst zur angeblich destruktiven Rolle Preußens in der Frankfurter Paulskirchen-Versammlung.

Unter großer Anteilnahme der Bevölkerung gastierten wir mit dem Festakt im ganzen badischen Raum; das Land schwelgte bei mehr als 1000 Jubiläumsfeiern in großer Revolutions-Nostalgie.

Auf Einladung der Körber-Stiftung gastierten wir zum Abschluss in Schloss Bellevue, dem Amtssitz des Bundespräsidenten Roman Herzog in Berlin.

Die Bedeutung der Militärmusik bei den Scharmützeln im badischen Raum anno 1848

Festvortrag von Oberstleutnant Sanftleben zum 150-jährigen Jubiläum der Badischen Revolution 1848.

Sehr verehrter Herr Bundespräsident, verehrte Festgäste,

es ist mir eine Ehre, heute Abend im Rahmen der von Herrn Deutschmann und Professor Lörscher präsentierten Liedertafel vor Ihnen referieren zu dürfen.

Krieg ist der Vater aller Dinge, wie im Leben, so auch in der Musik. Der Radetzky-Marsch entstand zum Beispiel seinerzeit als ein kleines Dankeschön von Johann Strauß an General Radetzky für den Verzicht auf die

Erschießung des Komponistensohnes nach Niederschlagung der Mailänder Revolution 1848.

Vom Marsch zum Marschflugkörper ist es ein weiter Weg. Aber vom »Sau-Tot«-Blasen des Steinzeitjägers zum »Killing Me Softly« im Walkman des Golfkrieg-Piloten führt ein gerader Weg.

Vom lustigen Angriffs-»Täterätä« bis zum andächtigen »Il Silentio« an seinem Grab begleiten Blechbläser den Soldaten.

Früher schlug die Marschtrommel den Takt, mit dem ins feindliche Feuer marschiert wurde, heute beten wir beim Großen Zapfenstreich zum Trommelwirbel »An die Macht der Liebe«.

Selbst nach der Schlacht blies manchmal ein kleiner Trompeter mit der ihm verbliebenen Hand eine leise Melodie, um dem Gejammer der Verwundeten eine stilvolle Abschiedsstimmung zu verabreichen.

Von der Wiege bis zur Bahre Musik – wenn man die Vereidigung als die Geburtsstunde des fertigen Soldaten betrachtet.

Und wenn am Ende eines solchen Abends fröhliche Hecker-Lieder von 1848 erklingen, dann werden deutsche, nationale und demokratische Gefühle so manche Brust erfüllen, und der eine oder andere Reservist lässt sich vielleicht aus der Reserve locken sozusagen, und dann erschallt von hinten der Ruf: »Rührt euch, ein Lied!«, und die Kameraden schmettern mit leuchtenden Augen:

»Wenn die Soldaten durch die Stadt marschieren,
Dann öffnen die Mädchen die Fenster und die Türen,
Ei warum? – Ei darum! Ei warum? – Ei darum!

Ei bloß wegen dem – Tschingderassa-
Tschingderassa-Bumm!«

Nun aber zurück ins Badische des Jahres 1848. Rückblickend war zweifellos das Liedgut neben dem berühmten Heckerhut die stattlichste Errungenschaft der 48er Revolution. Die zentrale Schwäche des legendären Heckerzuges bestand in einem eklatanten Missverhältnis zwischen Kampfkraft und Sangeskraft der Beteiligten. Die Musik hatte nicht die dienende Funktion der Stärkung und Ordnung der Revolutionskämpfer, sondern umgekehrt dienten Ein- und Ausmarsch der so genannten Kämpfer als Anlass für Dorffeste mit Wein, Weib und Gesang. Der Heckerzug glich, so betrachtet, eher einem mobilen Musikantenstadl. Eine Art Volks-Polonaise im Räuberkostüm mit zweckentfremdetem Erntegerät.

Das Absingen der Revolutionslieder erzeugte gesundes Volksempfinden und mittels Alkoholnachschub auch eine gewisse Rauflust, die von den anführenden Rechtsanwälten als Kampfbereitschaft fehlinterpretiert wurde, die aber bereits weit vorm Schützengraben in der Pissrinne endete, wenn Sie mir die saloppe Bemerkung erlauben.

Die damals 1848 in Baden erzeugte Aufbruchstimmung ähnelte meist den »Jetzt-geht's-los!«-Rufen in der SPD und erreichte wie diese noch nicht einmal den eigenen Ortsverband.

Die Dorfkapelle folgte Hecker und den Seinen mit klingendem Spiel jeweils bis zum Ortsausgang, um dann, zurück im Wirtshaus »Zum Goldenen Lamm«, weiter die Republik zu feiern und neue Strophen des Heckerliedes zu dichten. Mit der Musik gingen auch die meisten Sensenmänner wieder heim und gaben Hecker hie und da den einen oder andere Dorfdepp mit auf den Weg. Oder es lief so wie in Wahlwies am Bodensee, wo der Chronist des Heckerzuges notierte: »Wahlwies hat auch etwas Schützen, die sich aber nicht zeigten.«

Das war symptomatisch für den ganzen Umzug. Die braven Bürger des sich frisch bildenden Mittelstandes haben damals wohl in ihrer Bibelgläubigkeit gehofft, dass ihre Blasmusik wie die Posaunen von Jericho funktioniert. Aber diese Bibelstelle ist symbolisch gemeint, und die Stadtmauern von Jericho sind mitnichten unter den Klängen eines antiken Volksmusikfestivals zusammengebrochen.

Und heute glauben nur noch unverbesserliche Pazifisten, dass zum Beispiel monatelanges Singen der Fischer-Chöre den Serben Karadžić in die Psychiatrie zurückgetrieben hätte.

Kurz und gut: Der militärische Kern der Operation »Badische Republik« war klein und schwach. Die Schlacht von Kandern lasse ich keineswegs aus, sie hat vielmehr gar nicht stattgefunden. Wir müssen historisch korrekt vom Scharmützel von Kandern sprechen. Der Klang des Wortes Scharmützel enthält übrigens mit Recht die Verniedlichungsform des »Mützel«. Das kleine Gemetzel sozusagen, die Schar kriegt eins aufs Mützel.

Ganz anders dagegen das aus dem Mittelhochdeutschen stammende »slahten«, das wir heute in Worten wie »Schlachtfeld / Schlachtbank / Schlachtfest / Mutter der Schlachten« finden. Die Schlacht, respektive das Schlachten, bezeichnet das mehr oder weniger massenhafte Niedermachen lebender Organismen mit 15 bis 20 Prozent Toten und Verwundeten mindestens auf einer Seite.

Zurück zum Thema. Beim Scharmützel von Kandern kam der Militärmusik eine defensive Aufgabe zu. Man traf sich zunächst im kleinen Kreis zwischen den aufmarschierten Truppen, um eventuell kampflos per Diskussion den Verlierer festzulegen. Die in Rufweite der hessischen Leihtruppen des General von Gagern vorgetragene Rede des Rechtsanwalts Hecker ließ Gagern durch Trommelwirbel stören, ein handgerührter Störsender quasi. Das von Hecker erwartete Überlaufen der schlecht motivierten Leihsoldaten blieb dadurch aus. Lediglich in den hinteren Reihen schlugen sich wie üblich ein paar Laschmänner ins Unterholz.

Der im Anschluss an Heckers Rede als Angriffmotivation gedachte Ruf des Generals Gagern: »Dann soll Blut fließen!«, gelangte wiederum nicht zu seiner Truppe, weil vermutlich der Störsender noch lief. Dagegen interpretierten badische Hitzköpfe den Ruf Gagerns als Einladung und landeten beim General einen Glückstreffer, genauer gesagt einen Blattschuss, benannt nach der Stelle, wo beim Blutbad des Siegfried durch ein Eichenblatt die Achillesferse quasi zwischen die Schultern verlegt wurde.

Dieser Startschuss eröffnete ein circa 30 bis 40 Sekunden dauerndes einmaliges Abfeuern aller Büchsen. Auf Nachladen wurde weitgehend verzichtet. Vereinzelt Herumliegende wurden hie und da noch aufs Korn genommen, aber insgesamt war der Fall damit erledigt. Die Bilanz war mit weniger als einem Prozent Verlusten auf beiden Seiten ausgeglichen, aber insgesamt unbefriedigend.

Rechtsanwalt Hecker war vom Gesprächsverlauf und der Unterbrechung derart enttäuscht, dass er umgehend in einem nahe gelegenen Schweizer Reisebüro eine Last-Minute-Überfahrt in die USA buchte, während er noch Wochen später von versprengten Mitstreitern im Schwarzwald gesucht wurde.

Hätte der gute Hecker Clausewitz studiert statt Verfassungsrecht, dann hätte er gewusst: »Man muss nicht kleckern, sondern klotzen.« So aber kleckerte während des besagten Scharmützels der von seinen Leuten »Oberst« genannte Mittelständler Siegel mit einem Teil der Aufständischen irgendwo im Schwarzwald herum, und Heckers Mitkommandeur und Rechtsanwaltskollege Struve redigierte im Hinterland ein Pamphlet zur Hebung der Truppenmoral. Wo Freund und Feind steht, wusste niemand, man kannte nur den Standort der nächsten Gaststube. Büchsenträger verscherbelten ihre Waffe gegen eine Portion Kutteln mit Brägele, das Gefährlichste am Sensenmann war sein Name, gefürchtet waren sie nur bei ihren Nebenmännern. Deserteure wurden nicht füsiliert, sondern erhielten Struves Handzettel, und die Kommandosprache verlief nach dem Motto: »Solle mer gleich schieße oder trinke mer noch ener – alla gut!«

Als Kostprobe dieser badischen Variante des Freiheitskampfes möchte ich noch einen Auszug aus der so genannten Freiheits-Chronik des Zugschreibers Schieber, eines Konstanzer Apothekers, zum Besten geben über das wenige Tage später stattgefundene Scharmützel bei Güntersthal südlich von Freiburg.

Ich zitiere: »… *Das ganze Drama endige ich nun mit der Beschreibung der Schlacht bei Güntersthal …*« – über diesen sprachlichen Fauxpas haben wir bereits gesprochen – »… *Nun alles verloren. Als es wieder hieß vorwärts, ging es nicht so leicht wie die Bewegung rückwärts. In großer Zahl sah ich die Kameraden in den Wald sich begeben unter dem Schein, ihren Leibbeschwerden Luft zu machen. Ein schöner Hauptmann im blauen Mantel war auch dabei.*«

Wir finden in diesem Zitat eine unter uns Fachleuten bekannte psychische Reaktion auf einen Angriffsbefehl. Es handelt sich um den plötzlich entstehenden Wunsch nach Darmentleerung. Normalerweise unterdrückt der hinter den Truppen stehende Offizier diesen Wunsch mit vorgehaltener Pistole. Im vorliegenden Fall ist er dagegen zur gleichen Verrichtung übergegangen wie die Mannschaft. Ein schwerer Führungsfehler, deutlicher Hinweis auf den Amateurstatus des Betreffenden. Weiter im Text: »… *Nun wollten wir zum Sturm, drum schaut' ich mich nach dem Tambouren um.*« Zur Erläuterung sei hier angemerkt, dass Tambouren Männer waren, die die Trommeln zu schlagen hatten, weil sie mit der Schusswaffe nicht umgehen konnten.

»… *Ich schaute nach den Tambouren, die aber machten blau. Nur einen fand ich hinter einer Tanne, es war ein halber Simpel.*«

Hier ein deutlicher Hinweis auf mangelnde Auswahlkriterien bei der Musterung der Militärmusiker, vermutlich einer der Dorfdeppen, die dem Umzug mitgegeben worden waren.

»… *Ich riß ihn hervor und forderte, daß er der Truppe*

Sturm schlage, allein er konnte es nicht, ich mußt's ihm zeigen. Er begriff aber nicht, da wollt' ich ihm die Trommel nehmen, allein das gab er nicht zu und so schlug er von mir am Band geführt einen kleinen Marsch. Eine Handvoll Leut' ging darauf mit, als aber mehrere Kugeln kamen, nahm er Abschied, da hatt' ich noch drei Mann, die mir Pulver gaben, weil auch sie nimmer wollten.« Zitat Ende.

So viel zur Bedeutung der Militärmusik bei den Scharmützeln der Badischen Revolution 1848. Es war mir eine Ehre, vor Ihnen referieren zu dürfen.

Die Paulskirchenlüge

Bei der nicht gerade üppig ins Kraut schießenden Pflege unserer demokratischen Wurzeln kommt der Nationalversammlung in der Frankfurter Paulskirche 1848 eine Schlüsselrolle zu. Die üblicherweise verklärte Darstellung dieser bedeutsamen Versammlung bedarf einer Korrektur, an der ich mich an dieser Stelle mit Hilfe einer Polemik versuchen möchte.

Die handels- und schulbuchüblichen Schmonzetten zeichnen das Bild einer Zusammenkunft der klügsten Köpfe der deutschen Länder, geeint im selbstlosen Ringen um Freiheit, Verfassung und deutsche Einheit. Als geradezu natürliches Feindbild dient dabei das Königreich Preußen, dem dann auch das Scheitern der Nationalversammlung angelastet wird.

Ich behaupte dagegen, dass wir von Glück sagen können, dass die Paulskirchen-Gelehrten sich nicht durchsetzen konnten, da sonst der deutsch-nationale Größenwahn schon 1848 ausgebrochen wäre. Preußen hat sich dem in den Weg gestellt.

Sehen wir uns die damaligen Forderungen etwas genauer an. Die Verfassungsartikel orientierten sich weitgehend am französischen Vorbild. Rede- und Pressefreiheit, Unversehrtheit der eigenen Wohnung – das ist nicht zu beanstanden, das diskutieren wir ja heute noch –, aber bei der Forderung nach gerechter Verteilung der Steuerlast, da wurde es schon unrealistisch. Und als es dann zur Diskussion der nationalen Frage kam, waren Realitätsverlust und beginnender Größenwahn der Advokaten und Professoren kaum noch zu bremsen. Ich gebe einige Kostproben aus den Reden des umjubelten hessischen Revolutionsministers Gagern, der zum Paulskirchen-Präsident gewählt wurde.

»Ich fasse den Beruf des deutschen Volkes als einen großen, weltgebietenden auf!« Die Töne kennen wir, aber doch nicht von den demokratischen Fundis der Paulskirche. Es kommt noch besser: *»Welche deutsche Einheit haben wir anzustreben? … Daß wir der Bestimmung nachleben können, die uns nach dem Orient zu gesteckt ist? … Und daß wir diejenigen Völker, die längs der Donau zur Selbständigkeit weder Beruf noch Anrecht haben, wie Trabanten in unser Planetensystem einfangen?«* Dazu soll man das schwarz-rot-goldene Fähnchen schwingen? *»… Können wir im nationalen Interesse die außerdeutschen Provinzen Österreichs in Zukunft sich selbst oder gar dem Zufall überlassen?«*

Klingt wie eine Kriegserklärung. Meine Trauer über das Scheitern dieser Revolutionäre hält sich in Grenzen.

Die Paulskirchen-Versammlung forderte im Anschluss an diese Debatten unter Leitung Gagerns mit überwältigender Mehrheit die preußischen Bundesarmeen auf, unverzüglich Posen zu besetzen, Russland den Krieg zu erklären und Dänemark zu zerschlagen. *»Was soll 40 Millionen Deutschen unmöglich sein?«*, rief einer in der Kirche unter donnerndem Beifall. Und das war kein Preuße.

Die preußischen Abgeordneten haben sich damals dem deutsch-national-liberalen Kriegsbegehren widersetzt. Und als zwei von ihnen die Paulskirche verließen, sind sie vom Mob gelyncht worden. Man sagt, dass Turnvater-Jahn-Sympathisanten dabei waren. Deutsche Maßlosigkeit erschlägt preußische Vernunft!

Und das Volk? Das Volk interessierte weder deutscher Weltruhm noch die Verfassung. Die wollten was zu essen. Das Rumoren kam aus den leeren Mägen. Die hatten keinen Hunger auf Deutschland, sondern echten Kohldampf. Die Professoren wollten am runden Tisch mitmischen, der kleine Mann wollte Kartoffeln.

Vielleicht ist das immer so, wenn es um die Einheit der deutschen Nation geht. Dem DDR-Volk war die Verfassung piepegal, Hauptsache, der Rubel rollte nicht mehr, sondern die Mark. Die Bürgerrechtler der DDR wollten am runden Tisch ihr Land gestalten, die restlichen 16 Millionen wollten ALDI und McDonald's.

So viel zur Paulskirche.

Eine letzte Anmerkung erlaube ich mir zum Berliner Aufstand 1848. Ein Buch darüber müsste eigentlich *Der Verrat* heißen. Der Titel ist aber leider vergeben. Sebastian Haffner hat seinem außergewöhnlichen Buch über das Scheitern der Revolution 1918/19 diesen Titel gegeben. Das Land Preußen wurde im März 1848 von seinem eigenen König verraten! An einem Ort, an dem das mit dem Verrat beginnende Siechtum und die geistige Blüte Preußens einander über den Weg liefen.

Ein Besuch am Gendarmenmarkt

Sie sollten sich die Enttäuschung nicht ersparen, in Berlin den Gendarmenmarkt zu besuchen. Irgendein Lohnschreiber hat in grauer Vorzeit in Umlauf gebracht, der Gendarmenmarkt sei einer der schönsten Plätze Europas. Seither geistert der Satz durch die Reiseführer und produziert ratlose Gesichter bei Touristen, die diese Schönheit suchen und nicht finden.

Der Gendarmenmarkt ist nicht besonders schön, er war aber – für uns unsichtbar – in seiner Glanzzeit ein Treffpunkt der aufgeklärten Elite Europas. Und mitten auf dem Platz nahm das Ende Preußens seinen Lauf.

Gehen Sie einmal über den Platz, klappern Sie die im Reiseführer genannten Sehenswürdigkeiten und Gedenktafeln ab, fotografieren Sie meinetwegen das Schiller-Denkmal vorm Nationaltheater, und dann setzen Sie sich kurz hin mit Blick auf die Wein- und Sekthandlung Lutter&Wegner.

Oder betrachten Sie das Etikett einer Lutter&Wegner-Sektflasche. Sie müssen ihn nicht trinken, betrachten reicht. Die linke der abgebildeten Personen verkörpert für mich die beste Tugend Preußens. Es ist der preußische Kammergerichtsrat Hoffmann, dem Bildungsbürger besser als der Schriftsteller E. T. A. Hoffmann bekannt. Sollten Sie älteren Jahrgangs sein, kennen Sie vielleicht noch *Hoffmanns Erzählungen,* eine Oper, in der Jacques Offenbach Texte des Dichters verwendet hat.

Wenn unbedingt ein Dichter auf das Postament vorm Nationaltheater gehört, dann nicht Dichterfürst Schiller, sondern E. T. A. Hoffmann. Und zwar nicht, weil sein *Kater Murr* im gleichnamigen Roman um diesen Platz streunt, und er hier wohnte, sich betrank und starb. (Ihm blieb übrigens gar nichts anderes übrig, als zu trinken: Er war Jurist mit Witz und Phantasie – so ein Widerspruch ist nüchtern nicht zu ertragen.)

Ihm gebührt ein Denkmal, weil er die preußische Tugend einer unbestechlichen Justiz praktiziert und immer wieder gegen die eigene Obrigkeit durchgesetzt hat. Er hat zum Beispiel als Kammergerichtsrat gegen den Berliner Polizeipräsidenten erfolgreich Klage erhoben. Allein dafür gehört er aufs Postament.

Hoffmann sollte Turnvater Jahn als Staatsfeind verurteilen, es gab aber keine Beweise, und Hoffmann hielt Jahn für einen harmlosen Irren, Deutschlandfanatiker halt, und hat ihn freigesprochen, worauf der Polizeipräsident den Turnvater ohne Urteil ins Zuchthaus sperrte. Hoffmann klagte den Polizeipräsidenten wegen Freiheitsberaubung an und bekam Recht.

Lutter&Wegner hat ihn wenigstens auf der Sektflasche verewigt. Mit seinem Bruder im Weingeist, dem damals sehr berühmten Schauspieler Devrient, eine Art Harald Juhnke für Klassiker, der gern mitten in einer Aufführung durch den Hinterausgang des Theaters zu

Lutter&Wegner rübertorkelte, während im Schauspielhaus die Zuschauer Wetten abschlossen, ob er es zum letzten Akt noch schafft.

Und auf der Treppe vom Weinkeller könnte er mit Hoffmann über Heinrich Heine gestolpert sein, der im Dunkeln gerade versuchte, mit einem flotten Vierzeiler ein Dienstmädchen rumzukriegen.

Solche Leute müssten aufs Denkmal am Gendarmenmarkt. Geister, die dafür sorgten, dass Berlin nicht nur von Dummheit und Adel beherrscht wurde.

Vielleicht sollten Sie sich das missratene Fundament dieses grässlichen Schiller-Denkmals doch noch mal ansehen. An den Ecken sind vier 08/15-Musen postiert worden: »Lyrik«, »Drama«, »Philosophie« und »Geschichte«. Warum steht Heine nicht an der Lyrik-Ecke? Voltaire wohnte eine Zeit lang an der Ecke Taubenstraße. Warum wird die »Philosophie« nicht durch Voltaire ersetzt? Hegel hat mit Humboldt seinen Mokka immer im Café Stehely getrunken, Charlottenstraße, Ecke Jägerstraße. Ein Café mit 80 Zeitungen aus ganz Europa! Und die *Augsburger Allgemeine* als Bückware. Ein radikal-demokratisches Kampfblatt aus Augsburg! Was für eine Zeit! Heute können Sie froh sein, wenn Sie im Café eine lesbare Zeitung kriegen.

Im Hinterzimmer vom Stehely hat vielleicht Bakunin dem Marx erklärt, wie man einen Molotow-Cocktail so platziert, dass ein Ruck durch die Gesellschaft geht!

Jetzt bin ich ein wenig ins Schwärmen gekommen, aber dass der Niedergang Preußens am selben Ort seinen Anfang nahm, darf nicht unerwähnt bleiben.

Am 22. März 1848 begann der Abstieg Preußens. Auf

der Treppe des Nationaltheaters, als die Leichen der Aufständischen zu einer Pyramide gestapelt wurden.

Man darf aber die Vorgeschichte nicht auslassen, was leider regelmäßig gemacht wird.

Dem Aufstand von 1848 ging eine schwere Hungersnot voraus. Drei Missernten in Folge, von 1844 bis 47. Die Habenichtse hatten die Hälfte von dem in der Schüssel, was ihre Großeltern hatten, und das war damals schon lausig. Die Kinder kriegten Baumrinde gekocht, und innerhalb eines Jahres stiegen die Kartoffelpreise um 300 Prozent. Hier am Gendarmenmarkt begann 1847 der so genannte Kartoffelaufstand. Die Marktbuden wurden gestürmt, und den Händlern flogen ihre Kartoffeln um die Ohren. Die Kartoffeln waren quasi die Übungsmunition für die Revolution ein Jahr später. Auf heute übertragen müssen Sie sich die Situation 1847 so vorstellen:

Die Stimmung im Volk wird immer schlechter, weil das Realeinkommen der einfachen Leute von Jahr zu Jahr weiter sinkt. Täglich ziehen in Berlin Tausende von Arbeitslosen zur Regierungsbannmeile, aber der übergewichtige König erklärt unverdrossen, dass in seiner Regierung alle einen prima Job machen.

In dieser Situation verdreifacht McDonald's plötzlich die Hamburger- und Fritten-Preise! Von einer Los Wochos auf die andere kostet das Grundnahrungsmittel BigMac mit Pommes und Cola nicht mehr 3,99 Euro, sondern 14,99 Euro! Den Leuten platzt der Kragen, sämtliche Frittenbuden werden gestürmt, den McDonald's-Verkäufern werden ihre Papierhütchen über die Ohren gezogen.

So war die Stimmung damals. Ein Jahr später flogen Kugeln statt Kartoffeln, und die Sechspfünder der Armee waren kein Brot, sondern Feldartillerie.

Wut und Hunger waren für einen historischen Augenblick stärker, für ein paar Tage. Die Siegestrophäe für die Aufständischen waren keine Kartoffeln für alle und auch keine Verfassung. Das eine hatte der König nicht, das andere wollte er nicht. Die Siegestrophäe war eine Fahne. Schwarz-Rot-Gold. Einen Tag lang ritt der König ohne Militär hinter einer Deutschlandfahne durch Berlin, und dann kam es zum Finale auf dem Gendarmenmarkt. Der Platz war voller Menschen, als ein Leichenzug mit den 186 Särgen der getöteten Aufständischen eintraf, die zu einer Pyramide gestapelt wurden. Sie wurden am König vorbeigetragen, der in Zivil auf der Theatertreppe stand! In Zivil! Unvorstellbar für einen preußischen König bis zu diesem Tag. Und als die ersten Särge kamen und er sich nicht rührte, rief das Volk: »Hut ab!« Im Befehlston! Ein Imperativ zum König! Man stelle sich das vor.

Wohlgemerkt: Sie haben nicht »Kopf ab!« gerufen. Niemand wollte ihm die Rübe runtermachen wie bei den Franzosen. So was wie »Schmiert die Guillotine mit der Pfaffen Fett!«, das gab es in Berlin nicht.

Jedenfalls: Der König nahm den Hut ab und verneigte sich vor den Toten. Aber er hat ihn wieder aufgesetzt. Das war der Augenblick des Versagens. Für immer hätte er den Hut nehmen müssen! Er hätte an Ort und Stelle auf die Krone verzichten sollen, um Preußen zu retten. Aber er hat Preußen verraten, um seinen Thron zu retten. »Preußen wird fortan in Deutschland aufgehen.«

Das hätte er nicht sagen dürfen. Ein furchtbarer Satz, wenn Sie mich fragen.

Hätte er an diesem 22. März 1848 abgedankt, vielleicht wäre alles anders gekommen. Etwa so:

Das Volk setzt dem Kronprinzen nach einer Verfassungsreform die preußische Krone auf – nach englischem Vorbild, das dem Filius ohnehin besser gefallen hat.

Dem deutsch-nationalen »Wir-sind-ein-Volk«-Geschrei geht dadurch die Luft aus.

Das Deutsche Reich verlagert sich ohne Preußen Richtung Wien.

Die Kaiserkrönung in Versailles 1871 fällt aus.

Wilhelm der Zweite tobt seinen Größenwahn mit Zinnsoldaten aus.

Hitler landet direkt in der Psychiatrie.

Walter Ulbricht fällt an der Grenze zu Sachsen durch die obligatorische Sprachprüfung für Ausländer,

und Preußen ist zur Jahrtausendwende ein blühendes Gemeinwesen.

Es ist anders gekommen, und der Gendarmenmarkt ist wirklich nicht schön. Man kann auch von alldem nichts sehen. Ich glaube, Sie können sich den Weg sparen.

5 Oberstleutnant Sanftleben und der Krieg

Bei militärischen Themen lasse ich gerne dem Offizier Sanftleben den Vortritt. Er ist kein verbissener Kämpfer, sondern Stabsoffizier für Presse- und Öffentlichkeitsarbeit, dessen Aufgabe darin besteht, dem zivilen Teil der Bevölkerung militärisch komplizierte Sachverhalte verständlich zu machen.

In den 50 Jahren ihres Bestehens hat die Bundeswehr das Leitbild des Soldaten mehrfach gewechselt. Vom »Staatsbürger in Uniform« der 50er und 60er Jahre über den »selbstständig denkenden Einzelkämpfer« des Kalten Krieges bis hin zum »bewaffneten Sozialarbeiter in globaler Mission« zum Ende des Jahrtausends. Seither hat die Militarisierung der internationalen Politik und damit auch der deutschen Außenpolitik enorm zugenommen. Das ist weder die Bundeswehr noch die Bevölkerung gewohnt. Die Bundeswehr hat viel Gutes getan für unser Land. Sie hat in strukturschwachen Gebieten die Arbeitslosenquote verringert, Handwerk und Mittelstand sowie die Rüstungsindustrie mit Aufträgen versorgt, am »Tag der offenen Tür« Erbsensuppe spendiert und bei Hochwasser Sandsäcke geschleppt. In Afghanistan gibt es kein Hochwasser, sondern Dürre, da werden Brunnen gebohrt und Dächer gedeckt. Die Bundeswehr hat sich als THW ohne Blaumann, aber mit Splitterweste und Geleitschutz einen guten Namen gemacht.

Und nun steht der Krieg vor der Tür und klopft, aber wir wollen ihn nicht reinlassen. Zumindest gilt das für die Bevölkerung. Eine der tiefer liegenden Ursachen für diese abweisende Haltung analysiert Oberstleutnant Sanftleben.

Grundsätzliches zur Belastungsgrenze der Bundeswehr

Es ist in unregelmäßigen Abständen zu hören und zu lesen, die Belastungsgrenze der Bundeswehr sei erreicht, wenn nicht sogar überschritten. In der Zivilbevölkerung ist diese Meinung durchgängig bei über zwei Dritteln der Befragten anzutreffen, bei Politikern wechselt die Meinung je nach NATO-Anfrage oder Wahltermin.

Zur Versachlichung der Debatte möchte ich folgende provokant anmutende Hypothese in den Raum stellen und diskutieren:

Über Bereitschaft und Fähigkeit eines Volkes zum bewaffneten Konflikt entscheidet letztlich nicht die jeweilige Regierung, sondern primär entscheidend ist die Anzahl der Söhne im Land, beziehungsweise die Reproduktionsquote der Bevölkerung.

Was heißt das im deutschen Fall konkret?

Die Reproduktionsquote Deutschlands ist auf einem

Allzeittief von 1,2 angelangt. Das heißt, jede deutsche Familie produziert im Schnitt 0,6 Söhne. Die Null vorm Komma dürfte auch dem Zivilisten deutlich machen, dass das noch nicht einmal reicht, um in Friedenszeiten den Bestand zu sichern. Man muss in Deutschland zwei Familien zusammenlegen, um einen Sohn herzustellen. Entsprechend gering ist die Bereitschaft, eine solche Rarität herzugeben. Im Mortalitätsfall endet für zwei Familien der Stammbaum.

Es darf uns auch nicht beruhigen, dass es in unseren europäischen Nachbarländern in punkto Reproduktionsquote genauso miserabel aussieht. Was aber, am Rande bemerkt, der tiefere Grund sein könnte, warum wir in Europa vergleichsweise friedlich miteinander auskommen. Nicht, weil wir uns so mögen, sondern weil uns die Söhne fehlen zum Austragen der Konflikte – eine etwas scherzhafte Anmerkung.

Eine völlig andere Situation finden wir dagegen in Regionen mit einer Reproduktionsquote von 4,5 aufwärts. Hier finden wir eine solide Basis für bewaffnete Auseinandersetzungen. Nach einer bewährten Faustregel könnte man sagen: Ab drei Söhnen gibt's Krieg.

Diese grobe Schätzung hat sich seit langem bewährt. Nehmen Sie nur die Banlieus französischer Großstädte. Dort liegt die Reproduktionsquote bei 4,8, und schon geht's munter zur Sache. Es gibt auch alte Bauernweisheiten, die meine These unterstützen. Sie kennen vielleicht den Spruch: »Der erste Sohn kriegt den Hof, den zweiten Sohn kriegt die Kirche, den dritten kriegt der Krieg.«

Heutzutage reicht's noch nicht mal für den zweiten

Sohn, also selbst die Kirche geht leer aus. Was man auch an der Überalterung des klerikalen Führungspersonals beobachten kann.

Erlauben Sie an dieser Stelle ein kleines historisches Beispiel zur Illustration. Der Alte Fritz, der König von Preußen, hatte die Vision, Preußen zur europäischen Großmacht zu machen. Das ging nur mit Krieg, und dafür fehlten ihm die Söhne. Das Kernland Preußens war damals Brandenburg, und das war auch früher schon so öd und menschenleer wie heute. Der karge märkische Sand brachte ein paar Krüppelkiefern zustande, aber zu wenig Söhne. Friedrich der Große schloss deshalb den legendären Vertrag mit den ostelbischen Landjunkern, in dem er ihnen zusagte, dass sie auf ihren Gütern mit Gesinde, Mägden und Bauern machen konnten, was sie wollten, unter einer Bedingung: Der Alte Fritz forderte einen Sohn, und zwar nicht den dritten, sondern den ersten! Und daraus entstand Europas modernste Angriffsarmee. Keine verkrüppelten Bauerntölpel, sondern kerngesunde Junkerssöhne. Wobei man einräumen muss, dass der Alte Fritz heute auch nicht mehr weit käme, wenn nur noch ein halber Sohn auf dem Gutshof rumhumpelt. Da müsste der Gutsherr schon mächtig unter den Mägden wüten, um es mal scherzhaft auszudrücken.

Zurück zum Thema. Aus dem bisher Gesagten müssen wir schlussfolgern, dass die Fähigkeit und Bereitschaft zur Teilnahme an bewaffneten Konflikten bei uns denkbar gering ist. Und genau das ist auch der Fall. Wenn nicht gerade eine Anfrage der Amerikaner vorliegt, besteht Einigkeit zwischen Politik und Volk: Die

Belastungsgrenze der Bundeswehr ist erreicht, wenn nicht sogar überschritten.

Diese gefühlte Belastungsgrenze sollten wir einmal kurz quantifizieren. Die Bundeswehr hat derzeit eine Kopfstärke von circa 270 000 Mann. Keine vier Prozent unserer Soldaten sind im Ausland aktiv, keines unserer Truppenkontingente operiert derzeit in einer heißen Kampfzone, und die Verlustquote bewegt sich immer noch im Rahmen dessen, was wir in Friedenszeiten beim NATO-Herbstmanöver als Flurschaden abbuchen.

Das nennen wir die gefühlte Belastungsgrenze. Bei einem Volk von 82 Millionen sind 10 000 Mann im Einsatz, die Mortalitätsrate liegt bei 0,5 Promille per annum, wobei ich die Raucher und andere Suizid-Kandidaten vorher rausgerechnet habe. Die Bundeswehr verliert jährlich fünf, sechs Mann. Mit anderen Worten: Unsere Konfliktbereitschaft reicht maximal für ein, zwei Scharmützel im Hinterland, und dann ist Ende der Fahnenstange.

Mit dieser Feststellung im Hinterkopf möchte ich nun noch kurz die Frage klären, ob es denn überhaupt in unserer Nachbarschaft einen nennenswerten Überschuss junger Männer gibt, die kampfbereit sind.

Die Antwort lautet eindeutig: Jawohl, den gibt es, und zwar an Europas Südflanke. Geographisch genauer gesagt: im Maghreb-Gürtel. Stellen Sie sich in Ihrer Phantasie einfach 80 Millionen junger Araber vor, die Sie gleichmäßig am Südrand des Mittelmeers verteilen. Fangen Sie links an in Marrakesch, und dann verteilen Sie die Burschen über Tanger, Algier, Tunis, Kairo bis rüber nach Beirut. Da stehen sie nämlich alle am Strand herum und scharren ungeduldig mit den Hufen im Sand, jederzeit bereit, den Sprengstoffgürtel enger zu schnallen. Die Reproduktionsquote im Maghreb liegt bei 5,0 aufwärts, allein in den Palästinensergebieten sind 85 Prozent aller Männer jünger als 32 Jahre, und 60 bis 70 Prozent aller jungen Männer im Maghreb sind arbeitslos. Was in dieser Gegend auch noch heißt, dass sie sich keine Frau kaufen können, was erfahrungsgemäß die aggressive Grundstimmung durchaus steigert.

Niemand hat übrigens den von mir skizzierten Zusammenhang so pointiert wiedergegeben wie Yassir Arafat, Allah hab ihn selig, der zu Lebzeiten schon gesagt hat: »Der Krieg im Nahen Osten wird in den Gebärmüttern unserer arabischen Frauen entschieden.« Dagegen ist noch kein Kraut gewachsen, und selbst die Amerikaner wirken zunehmend ratlos. Der Optimismus eines Donald Rumsfeld ist verflogen, der noch kurz vor seiner Ablösung sagte: »Wir haben bis jetzt nur einen Fehler gemacht im Irak: Wir haben zu wenig Sunniten erschossen.« Das sieht man im Pentagon jetzt anders: »Wir können sie gar nicht so schnell töten, wie sie nachwachsen.«

Der Vollständigkeit halber sollte ich erwähnen, dass es noch andere Ansammlungen überschüssiger junger Männer gibt. Im indonesischen Raum 40 Millionen, ebenso in Indien und geschätzte 80 bis 90 Millionen in China, Tendenz steigend trotz des hohen Wirtschaftswachstums. Wobei in China interessanterweise nicht eine überbordende Reproduktionsquote für den Überschuss verantwortlich ist, sondern das gezielte Abtöten weiblicher Embryonen im chinesischen Mutterleib. Ein alter chinesischer Volksbrauch quasi, der da noch gepflegt wird. Es gibt dort sogar einen traditionellen Namen für überflüssige Männer. Man nennt sie »Dürre Zweige«. Ein schönes Beispiel für die bildhafte, fast lyrische Qualität der chinesischen Sprache. Man kann sich das gut vorstellen auf diese Art: Ein dürrer Zweig ist ein junger Mann, der mangels Frau keinen frischen Trieb ansetzen kann, sozusagen. Wenn die dürren Zweige überhandnehmen, hat China früher traditionell Krieg geführt, wodurch das Bevölkerungsgleichgewicht wiederhergestellt wurde. Sollte also China nach den Olympischen Spielen in Peking im Sommer 2008 Taiwan angreifen, und sollten dabei ein paar Millionen junger Chinesen auf der Strecke bleiben, dürfen wir das nicht als Katastrophe betrachten, sondern lediglich als eine Art Frühjahrsschnitt am chinesischen Volksstamm. Etwaige deutsche Waffenexporte wären dann praktisch nur Lieferung von Gartengerät, wenn ich mir dieses botanische Wortspiel abschließend erlauben darf.

Vielleicht sollte ich noch zum Schluss eine Sorge aufgreifen, die von Seiten der Zivilbevölkerung zunehmend an uns herangetragen wird. Es gibt Ängste hinsichtlich der wachsenden Zahl von Afrikanern, die sich schwimmend nordwärts bewegen und versuchen, nach Durchquerung des Mittelmeeres, an unserer Südflanke Fuß zu fassen.

Ich möchte Sie an dieser Stelle beruhigen. Sowohl der Planungsstab der Bundeswehr als auch der Planungsstab des Eurokorps in Brüssel sieht darin keine militärische Bedrohung. Die Menschen kommen ja nicht bewaffnet mit Gewehr in der Hand, sondern halb verhungert in der Badehose, und daraus resultiert derzeit keine militärische Bedrohung. Allerdings könnte das für Sie bedeuten, dass Sie irgendwann Ihren Liegestuhl am Mittelmeerstrand alleine verteidigen müssen. Und ob dazu dann Ihr Handtuch reicht, wird von Ihrer morgendlichen Kampfbereitschaft abhängen. Kleiner Scherz zum Abschluss. Ich bedanke mich für die Aufmerksamkeit.

Über zwei Drittel der Bevölkerung lehnen eine Ausweitung deutscher Kriegsbeteiligung ab, in hartem Gegensatz zum ständig stärker werdenden Druck der USA und unserer anderen NATO-Freunde. Sanftleben bringt den Konflikt auf den Punkt und sucht nach einem Kompromiss.

»Die Deutschen müssen töten lernen!«

Als die Kanzlerin zum Jahresbeginn 2007 in Washington zum Rapport bestellt war, wurde ihr ein Satz mit auf den Heimweg gegeben: »Die Deutschen müssen töten lernen!«

Frau Merkel ist feinfühlig genug zu wissen, dass wir die Amis nicht noch mal im Stich lassen können. Für den Irak hat sie sich entschuldigt, aber jetzt ist in Afghanistan tätige Reue angesagt. Die NATO-Kameraden kritisieren offen unsere Verlustquoten. Wer weltpolitisch mitreden will, muss bereit sein, Opfer zu bringen.

Im Offizierskasino in Kabul sagen unsere britischen Kameraden schon mal: »Wir schicken jede Woche Zinksärge nach Hause, und ihr verteilt Wachsmalstifte und

Wolldecken.« So ein Satz ist unter Männern tödlich. Vom Weichei zur Schwuchtel ist der Übergang fließend. Der Schmusekurs ist zu Ende, wir brauchen eine psychologische Kehrtwendung. Noch vor ein paar Jahren kursierte in der BwFüAk ein Buch: *Zukunft der Bundeswehr – der bewaffnete Sozialarbeiter in globaler Mission.* Das Buch gibt's jetzt in »Rudi's Reste Rampe«. Das Töten und Sterben müssen wir erst wieder lernen.

Gut, den jungen Leuten fällt das leicht, die üben am PC. Aber die Nachkriegsgeneration tut sich schwer. Was nachvollziehbar ist. Den ehrenvollen Tod fürs Vaterland haben wir auch ein bisschen überstrapaziert. Zwei Weltkriege hintereinander in den Sand gesetzt, da ist erst mal die Luft raus bei dem Thema.

Ich sage immer: Männer, das Leben als solches endet oft tödlich, aber was machen wir bis dahin? So kann man auf lustige Art den Soldatentod ins Gespräch bringen. Alle müssen den Tod als denkbaren Abschluss des soldatischen Arbeitstages begreifen. Er ist die logische Konsequenz soldatischen Handelns. Wir müssen uns quasi wieder aufs Kerngeschäft besinnen.

Und auch in Afghanistan können wir uns auf Dauer nicht durchmogeln und zu Hause erzählen: »Der Tornado-Pilot richtet nur das Visier aufs Ziel, drückt aber nicht selber ab.« Zumal auch ein Tornado nicht immer weiß, wie eine Hochzeitsfeier von oben aussieht. Wobei das ja nur noch selten vorkommt. Wer heiratet heutzutage noch unter freiem Himmel, wenn der Amerikaner in der Nähe ist, frage ich Sie – doch nur noch Leute, die provozieren wollen.

Ich habe nun eine zukunftsweisende Idee zur Auflösung des Dilemmas entwickelt, die ich beim Heeresinspekteur eingereicht habe.

Meine Parole lautet: Wir kämpfen, ohne zu töten.

Die Bundeswehr sollte sich auf den Einsatz nicht letaler Wirkmittel NLW spezialisieren, auf Deutsch »nonletal-weapons«!

Praktisches Beispiel einer solchen Waffe ist der »Silent Sheriff«, der leise Sheriff, ein so genanntes Aktives Vertreibungs-System ADS. Das Gerät hat seine Erprobung bereits erfolgreich abgeschlossen und ist auf dem Weg zu seinem ersten Einsatz.

Wie funktioniert das Ganze? Stellen Sie sich folgende Ausgangslage vor: Sie sind ein unbewaffnetes Weichziel, ich stehe mit dem Sheriff hundert Meter von Ihnen entfernt. Sie weigern sich, Ihren Platz zu räumen, dann kommt der Sheriff und vertreibt Sie.

Wie macht er das? Nun, das System wird von seinen Erfindern »Große Cousine der Mikrowelle« genannt, und genauso funktioniert es auch. Sie werden aufgeheizt wie in der Mikrowelle, nur blitzschnell und auf Entfernungen bis 500 Meter.

Ihre sensible Stelle liegt dicht unter der Haut, was ich nicht persönlich meine. Ein kurzes Aufköcheln reicht, und schon bei 55 Grad Celsius spüren Sie das, was Mediziner den »Vernichtungsschmerz« nennen. Sie rennen schreiend davon und betreten diesen Platz nie mehr. Testpersonen waren selbst für 5000 Dollar nicht bereit, sich ein zweites Mal aufheizen zu lassen, und da waren schwere Jungs dabei.

Noch zwei weitere Qualitäten des leisen Sheriffs. An Ihnen ist danach keine Schädigung nachweisbar – es sei denn, Sie hatten Kleingeld in der Tasche oder eine Gürtelschnalle. Metall erhitzt sich nämlich auf 400 Grad, das kennen wir ja aus der Mikrowelle.

Und last, not least: Ihr Schmerzgedächtnis speichert mich und den Sheriff! Mein bloßer Anblick reicht, oder ein Bild vom Sheriff, und Sie bleiben zu Hause. Freiwillig, ohne Gewaltanwendung.

Eine Wunderwaffe. Die US-Armee erwartet nächsten Monat das erste Dutzend in Bagdad. Für den Endsieg quasi. In der renommierten Zeitschrift *New Scientist* steht dieses Wirkmittel bereits auf Platz 5 der »Hitliste angesagter Zukunftswaffen«.

Ein kleiner Wermutstropfen sei noch erwähnt: Die Genfer Konvention verbietet im bekannten »Folter-Paragraph« derzeit noch Waffen, deren einziges Ziel die Erzeugung von Schmerz ist. Aber das muss die USA nicht stören.

Ein amerikanischer Experte hat kürzlich bei einer Anhörung im Bundestagsausschuss unser deutsches Dilemma sehr schön auf den Punkt gebracht. Er hat gesagt: »Ihr Deutschen habt die Wahl: mehr Schmerz oder mehr Tote.«

Oder weniger martialisch: Welche Nummer ist Ihnen lieber, sado-maso oder nekrophil? So betrachtet sollte uns die Entscheidung nicht allzu schwerfallen.

Immer wieder taucht in der Presse die Sorge auf, dass rechtsradikal eingefärbte Menschenverachtung in den Kasernen auf dem Vormarsch sein könnte. Wenn Sanftleben Dienstschluss hat, kann er sogar dieses Problem bewältigen.

Ein offenes Wort unter Männern

Ich weiß, es ist spät geworden, und wir haben schon das eine oder andere getrunken. Aber eins möchte ich noch loswerden. Wissen Sie, was manchen von uns im stillen Kämmerlein kränkt?

Wir haben keinen Rückhalt in der Bevölkerung. Bei jeder Kleinigkeit pinkelt man uns ans Bein, und Leute wie der Struck warten nur darauf und nutzen schon den kleinsten Anlass, uns was anzuhängen. Als der Hohmann, dieser Bundestagsabgeordnete, seine judenfeindliche Rede vom Stapel gelassen und General Günzel ihm schriftlich gratuliert hatte, war unser General schon entlassen, bevor die Merkel wusste, dass der Hohmann bei ihr in der Fraktion sitzt. Binnen drei Stunden war unser letzter Truppenkommandeur im Generalsrang weg vom Fenster. Einfach so. Und kurz danach schreibt der *Spiegel*, rechtsradikale Straftaten bei der Bundeswehr hätten sich binnen Jahresfrist verdoppelt. Die Bundeswehr sei ein Hort des Rechtsradikalismus! Wer schickt denn da noch seinen Sohn zu uns?

Ständig wird unsere demokratische Gesinnung in den Dreck gezogen. Wir sind aber keine Gefahr für die Demokratie! Im Gegenteil: Wenn wir nicht wären, sähe es im Land anders aus.

Was glauben die Herrschaften denn, was in puncto Rechtsradikale los wäre auf unseren Straßen, wenn wir nicht ab und zu was abschöpfen würden von den Burschen. Ein Viertel von den Rechtsradikalen ist turnusmäßig bei uns und wird von uns ruhiggestellt. Der Durchschnittsnazi ist zwischen 18 und 25 und zu 85

Prozent männlich. Die Burschen sind bei uns, und wir stellen sie ruhig! Wobei ruhigstellen der falsche Ausdruck ist. Die kriegen ja keine Tabletten. Die meisten muss man auch gar nicht ruhigstellen, die arbeiten anständig mit.

So ein junger Neonazi ist ja keine Killermaschine, die ständig überlegt: Wen erledige ich heute. Die meisten sind einfach mies drauf, weil sie sich von der Gesellschaft schlecht behandelt fühlen. Was ja auch nicht ganz falsch ist. Aber so was wie ein politisches Bewusstsein ist doch eher unterentwickelt. Die meisten von denen wissen noch nicht einmal, wer sie selber sind. Aber bei uns, da wissen sie, wer sie sind. Das steht nämlich bei ihnen auf der Schulter. Und bei uns wissen sie auch, wer ihnen was zu sagen hat. Das bin ich, und das steht bei mir auf der Schulter. Das ist eine überschaubare Sozialstruktur für junge Menschen. Bei uns haben sie einen festen Platz, werden ganztags beschäftigt, viel frische Luft, klare Befehle, kein Fremdwort, kein Schachtelsatz. Und was das Beste ist: Bei uns können die Jungs auch mal Dampf ablassen. Die haben doch Druck im Kessel. Auf dem Truppenübungsplatz können sie sich austoben, da ist nicht viel kaputtzumachen. Und sie können im spielerischen Umgang mit der Waffe auch mal was loswerden, triebstaumäßig sozusagen. Rein spielerisch. Die Waffe ist gar nicht geladen, kein scharfer Schuss, keine Patrone im Magazin, und trotzdem haben sie Spaß. Das müssten Sie mal gesehen haben, wie denen die Augen leuchten, wenn sie zum ersten Mal ein richtiges Gewehr in der Hand haben. Der junge Kerl hat vielleicht zum ersten Mal in seinem Leben das

Gefühl: Jetzt bin ich auch mal jemand. Ich weiß nicht, ob Sie das Gefühl überhaupt kennen. Mit Waffe in der Hand bist du jemand. Mehr wollen doch die meisten von den jungen Burschen gar nicht. Ein bisschen Beachtung. Und mit der Waffe hast du Beachtung.

Vorausgesetzt natürlich, du bist der Einzige im Raum mit Waffe. Aber das ist ja logisch. Wenn ich mit 20 Mann Gewehr zerlegen und zusammensetzen übe, dann verpufft das Gefühl natürlich. Ich erwähne es deswegen, weil genau darin der Unterschied zum Amerikaner besteht. Da bist du selten allein mit einer Waffe im Raum. Aber das Grundproblem ist erst mal das Gleiche: Junge Männer, die Beachtung suchen. Die haben sich vielleicht bei McDonald's fett gefressen, sehen entsprechend aus, Gesicht voller Pickel, gucken in den Spiegel und stellen fest: Mit dem Gesicht machst du keinen Stich bei den Mädels.

Und wie kriegt so ein Bursche trotzdem Beachtung? Erst mal hat er's einfach. Der zieht zu Hause irgendeine Küchenschublade auf und holt ne Knarre raus, Peacemaker Kaliber 9, Modell Zimmer-Flak. Rein damit in die Pausenbrottüte und ab in den College-Bus. In der Pause packt er aus, schon hat er Beachtung. Aber nicht lange, weil die anderen auch alle eine Pausenbrottüte dabeihaben. Da kann er höchstens mit denen über das Kaliber diskutieren, aber die Beachtung ist weg. Und was muss so ein Pickelgesicht machen, damit es wieder beachtet wird? Durchladen und abdrücken. Dann hat er wieder Beachtung, und zwar richtig. Deswegen knallt es in Amerika viel öfter als bei uns.

Eigentlich reden wir hier über die Bedeutung des

staatlichen Gewaltmonopols, verstehen Sie? Ein kostbares Gut, dieses Gewaltmonopol. Die höchste Form organisierter Gewalt ist die Staatsgewalt. Und die wird bei uns stundenweise gegen Unterschrift ausgeliehen, und dann kommt sie wieder zurück in die Waffenkammer. Der Neonazi darf mal dran riechen, und dann kommt sie wieder weg. In Amerika, da hat der Staat gar kein Gewaltmonopol mehr. Man könnte sagen, das ganze Land ist ein Gewaltmonopol. Bei denen sind ein paar hundert Millionen Hand- und Faustfeuerwaffen im Umlauf. Rein statistisch hat jeder Säugling zwei Wummen im Laufstall. Der amerikanische Staat hat das Gewaltmonopol nur noch im Ausland. Vielleicht sind sie deswegen so viel unterwegs.

Jedenfalls, mit dem Neonazi ist es eigentlich ganz einfach: Er braucht eine klare Struktur, das Gewaltmonopol beim Staat und dann eine gute Führung, das ist die halbe Miete. Führen durch Vorbild, das ist eine ganz alte Offiziersregel. Was heißt Offiziersregel, das ist ein pädagogisches Naturgesetz. Gilt für alle, Mensch und Tier. Beim Hund ist es doch auch so. So ein Kampfhund, der ist ja auch nicht böse geboren. Der wird erst so. Schlechtes Herrchen, böser Kampfhund. Aber gutes Herrchen, braver Kampfhund. Und genauso ist es bei den Rechtsradikalen: Gewaltmonopol bei uns und ein gutes Herrchen, dann haben wir die Sache im Griff.

Überhaupt darf man diese jungen Kerle nicht zu schnell abschreiben. Ich arbeite zum Beispiel ehrenamtlich mit jungen Leuten, und das macht mir sehr viel Spaß. Ich bilde bei uns im Schützenverein den Nachwuchs aus.

Das ist übrigens auch so was. Viele Leute haben ein ganz falsches Bild vom Schützenverein. Da stecken die Leute voller Vorurteile. Als in Cottbus dieser Wahnsinnige eine halbe Schulklasse umgelegt hat, da haben alle gleich gerufen: Hätte man sich denken können, der war ja auch im Schützenverein. Die Leute haben doch keine Ahnung. Das war ein Ostdeutscher, ein Irrer, der mit einer Pumpgun um sich geschossen hat. Kein westdeutscher Sportschütze schießt mit einer Pumpgun. Das macht doch auch gar keinen Sinn. Zwei Schuss mit der Pumpgun, dann kannst du anschließend das Schützenhäuschen auf den Sperrmüll fahren. Amerikanische Schnellfeuerwaffe, so was lehnen wir Sportschützen aus Prinzip ab. Allein schon diese Wichsbewegung beim Durchladen, da weiß man doch schon, was das ist.

Der westdeutsche Sportschütze pflegt den kleinkalibrigen Einzelschuss. Weil jeder Schuss genau genommen ein Ritual ist. Ein Moment des Gedenkens an den Sieg des Menschen über die Natur. Denn diesen Sieg über die Natur, den verdanken wir der Distanzwaffe. Und die Hand- und Faustfeuerwaffe ist die Inkarnation der Distanzwaffe. Da steckt jede Menge Philosophie dahinter. Ein deutscher Jäger geht doch auch nicht mit der Pumpgun in den Wald, ein Rudel Bambis holen. Der deutsche Jäger steht morgens um drei auf und versucht erst mal stundenlang, ein persönliches Verhältnis zum Ziel aufzubauen. Ein deutscher Jäger hat Tränen im Auge, wenn »Sau tot« geblasen wird. Die Leute haben ja keine Ahnung.

Eigentlich wollte ich ja etwas erzählen über meine

Jungens beim Schützennachwuchs. Da sind zum Beispiel zwei Sechzehnjährige dabei, zu denen würde manch einer Neonazi sagen, nur weil sie ab und zu Judenwitze erzählen. Das sind aber keine Nazis. Die wollen einfach nur Beachtung. Früher haben sie Türkenwitze erzählt, jetzt erzählen sie eben Judenwitze. Aber sie tun keinem was. Wir hören einfach nicht hin, dann hören sie von selber wieder auf. Das ist die einzig richtige Methode.

Genau wie unser Schäuble das im Bundestag gesagt hat, das fand ich sehr gut von ihm: »Das beste Rezept gegen Rechtsradikale ist, sie einfach nicht beachten.« Schade, dass Schäuble mit dieser Einstellung nicht Bundespräsident geworden ist.

Und genauso machen wir's auch. Wir hören einfach nicht hin. Dann hören sie von selber wieder auf. Neulich hat der Wirt von unserer Sportgaststätte den beiden eine Runde Jägermeister ausgegeben. Da habe ich gleich gesagt: »Horst, spendier ihnen keinen Jägermeister, sonst erzählen sie die Judenwitze zweimal.« Hat er sich auch daran gehalten.

Wir haben mit den beiden noch nie Probleme gehabt. Nur einmal, bei der Weihnachtsfeier. War aber im Endeffekt eher lustig, das Ganze. Wir hatten Weihnachtsfeier bei uns in der Sportgaststätte, die beiden kamen angeheitert etwas später. Als sie kamen, war die Kneipe voll, aber die beiden haben ganz gerne einen Tisch für sich. Oder besser gesagt: Sie machen sich ganz gerne einen Tisch frei. Und bei einem Tisch dachten sie, dass da Ausländer sitzen. Da haben sie sich dazugesetzt und Judenwitze erzählt. Es waren aber gar keine Ausländer, sondern Wolgadeutsche. Und das war der Witz an der Sache. Die Wolgadeutschen haben nach dem zweiten Judenwitz eine Runde Wodka kommen lassen und auch Judenwitze erzählt. Wurde noch eine ganz lustige Runde.

Wenn man diese Wolgadeutschen erstmals hört, denkt man, die sind ja deutsch bis auf die Knochen. Die sind deutscher als ich. Die glauben an die deutsche Rasse, an Blut und Boden und das ganze Zeug. Wir haben uns das dann mal übersetzen lassen. Wenn man das erst mal auf Deutsch hört, was die so erzählen, ist man ganz erstaunt. Die glauben ernsthaft noch an Arier und Germanen. Spätestens dann merkt man, dass sie einen an der Mappe haben, die Wolgadeutschen. Das Zeug mit den Germanen und der nordischen Rasse, das hat ja noch nicht mal der Hitler selber geglaubt, wenn Sie mich fragen. Der musste nur in den Spiegel gucken, da hat er doch gesehen, dass er nicht dazugehört.

Das ganze Gefasel bringt uns doch nichts. Wäre denn auch nur eins unserer Probleme gelöst, wenn wir die Herrenrasse wären?

Hautfarbe, Rasse und das Ganze spielt doch keine Rolle. Es gibt viele Leute, die ich nicht leiden kann, aber das hat mit der Rasse nichts zu tun. Ich mag zum Beispiel keine Ostdeutschen. Aber deswegen bin ich doch kein Rassist. Ich mag sie einfach nicht. Da könnte von mir aus ein Trupp Neonazis kommen, einen Ostdeutschen vor mich hinstellen und sagen: Hier, das ist dein Bruder. Dein Stamm, dein Blut, deine Rasse, der hat eine ähnliche Sprache. Wäre mir egal, ich mag sie nicht. Sie sind mir fremd. Und ich finde es auch in Ordnung, wenn ich denen fremd bin. Die sind anders aufgewachsen, und deswegen sind sie auch anders. Aber da kann keiner was dafür. Wo einer aufgewachsen ist, das ist doch Zufall, oder der liebe Gott, oder Allah, je nachdem, wer gerade am Drücker ist. Und die Lebensumstände prägen ihn. Und die in der DDR hatten andere Lebensumstände, also sind sie anders. Die sind im Gefängnis groß geworden und ich in Freiheit, das prägt ein Lebewesen. Die waren Legebatterie, wir Freilandhaltung. Das macht doch einen Unterschied. In der Legebatterie kriegst du die Körner in den Hals geschoben, in der Bodenhaltung werden die Körner extra versteckt, da bist du ständig in Bewegung und suchst. Bist stundenlang ohne Korn, aber für das Fleisch ist es besser. Jetzt mal vom Verbraucher her betrachtet.

Ich weiß gar nicht, wie wir jetzt auf Hühner gekommen sind. Eigentlich wollte ich ja nur von den beiden Jungs bei mir im Schützenverein erzählen. Und dass man vor ihnen keine Angst haben muss. Nehmen wir mal den folgenden Fall: Die beiden kommen in den Schützenverein, sind allein, und der Waffenschrank steht offen. Was im Übrigen noch niemals vorgekommen ist, aber nehmen wir mal an. Die beiden würden sich nicht am Waffenschrank bedienen, Gewehr raus, aufmunitionieren, und dann raus auf die Straße und in der Gegend rumballern. Das würden sie nicht tun. Sicher nicht.

Gut, vielleicht mal ein Hund, das könnte sein. Aber schon so was wie ein Obdachloser, schon das könnte ich mir nicht vorstellen. Passiert ja auch nicht. Man muss so was doch auch mal ganz nüchtern betrachten.

Ich habe nicht viel Ahnung, aber in meinem Bereich kenne ich mich aus. Als Offizier und Sportschütze habe ich Überblick im Bereich der Waffengattung leichte Hand- und Faustfeuerwaffen. Und jetzt frage ich Sie: Wie viele Straftaten werden in Deutschland von Rechtsradikalen mit leichten Hand- und Faustfeuerwaffen begangen? Na? Die richtige Antwort lautet: so gut wie keine, toi, toi, toi! In unserem Bereich, im Bereich der Waffengattung leichte Hand- und Faustfeuerwaffen passiert nichts. Was machen denn die Rechtsradikalen? Die haben Baseballschläger, Eisenstangen, Springerstiefel, das ist ne ganz andere Waffengattung.

Bei uns ist alles sauber. Und dafür gibt es auch Gründe. Wir lassen die jungen Leute nämlich nicht allein. Wir geben ihnen keinen Tritt und überlassen sie dem braunen Sumpf. Wir nehmen sie an der Hand, wir haben ein Ohr für sie, und wir haben ein Auge drauf. Und das spüren die jungen Leute. Die wissen genau, dass sie sich bestimmte Sachen bei uns nicht leisten können. Wenn die bei uns was anstellen würden, da brauchen wir keinen Jugendrichter, das machen wir dann gleich selber.

Pädagogisch ist so ein Jugendrichter doch völliger Blödsinn. Wenn die ein Jahr später einen Termin beim Jugendrichter kriegen, da wissen sie doch schon gar nicht mehr, wen sie vor einem Jahr zusammengetreten haben. Und dann gibt es Einzelzelle mit Tischfußball, Farbfernseher und der ganze sozialpädagogische Dreck. Was ist das denn für eine Strafe, frage ich Sie? Strafe muss als solche empfunden werden, und sie muss auf dem Fuße folgen. Oder am Fuß. Die Holländer oder

Schweden oder wer auch immer, die haben jetzt so eine elektronische Fußfessel entwickelt. Da könnte man doch einen Stromschlag einbauen, und wenn einer von denen eine falsche Bewegung mit dem Fuß macht, kriegt er eine gebatscht, dass er zwei Wochen nicht mehr richtig laufen kann. Das merkt er sich.

Man kann über die Amerikaner sagen, was man will, aber sie haben Ideen. Gerade was Strafen anbelangt. Die haben in ihrem Justizministerium eine eigene Abteilung für kreative Strafgestaltung. Da werden ständig neue Strafen ausprobiert. Jetzt haben sie zum Beispiel in acht amerikanischen Bundesstaaten ein neues Konzept entwickelt für Mörder, Sexualstraftäter, Vergewaltiger und solche Burschen. Die kommen jetzt nach der Hälfte der Haft raus, weil sie Platz brauchen für die Nächsten, aber sie werden nicht einfach entlassen. Sie werden von Fachpersonal begleitet und müssen sich an ihrem neuen Wohnort im ganzen Viertel an jeder Haustür persönlich vorstellen, und zwar mit Straftat und Adresse. Als erzieherische Maßnahme. Können Sie sich das vorstellen? Da klingelt bei Ihnen einer und sagt: »Guten Tag, ich bin der Bill, ich habe Kinder geschändet und wohne jetzt bei euch um die Ecke.« Da ist Stimmung im Viertel! Da wird die Wumme geputzt. Da brauchst du zwei Jahre keine Polizeistreife in dem Viertel. Das machen sie alles alleine.

Das ist natürlich jetzt nicht direkt auf unser Beispiel übertragbar. Wenn da einer bei uns an der Tür klingelt und sagt: »Guten Tag, ich bin der Willi, ich habe Ausländer getreten und wohne hier«, kann es passieren, dass der sagt: »Komm rein, du kriegst nen Jägermeister.« Man muss natürlich aufpassen. Es muss auch als Strafe empfunden werden, und Jägermeister ist nicht für jeden eine Strafe.

So, jetzt gebe ich noch einen aus, und dann gehen wir in die Heia. Vielleicht noch einen Witz zum Abschluss. Wann wird es mit Deutschland wieder aufwärts gehen, kennen Sie den? Wenn Bundeskanzler Stoiber bei Schröders Beerdigung Fischers Witwe fragt, wer eigentlich den Trittin erschossen hat.

Ist doch ein Superwitz, oder? Den hat mein Präsident, der Präsident des Deutschen Sportschützen-Verbandes, kürzlich bei einem internationalen Schützentreffen vor 800 Schützen aus neun Ländern erzählt. War ein Riesenkracher. Prost!

6 Clausewitz und das Innovative am Balkankrieg

Auch wenn sich mein Oberstleutnant Sorgen macht über die Stimmung an der Heimatfront, die Kriegsbeteiligung selbst ist für ihn mittlerweile fast eine Selbstverständlichkeit. Ich dagegen sehe die Rückkehr Deutschlands in den weltweiten Kriegsalltag mit großer Sorge, selbst wenn bislang eine der Grundregeln der Kriegsführung von Clausewitz befolgt wurde, die verlangt, dass ein Krieg nach Möglichkeit so geführt werden soll, dass er im zivilen Alltagsleben des eigenen Landes kaum bemerkt wird.

In Kürze wird sich Deutschland aber klarer zum Ausmaß seiner Kriegsbeteiligungen bekennen müssen als bisher. Dem steht aber nicht nur die Ablehnung der Bevölkerung gegenüber, sondern auch unsere Verfassung, die in Artikel 26 jede Teilnahme an einem Angriffskrieg oder seiner Vorbereitung verbietet. Ein europaweit einzigartiger Verfassungsartikel, auf den wir stolz sein sollten.

Mit Beunruhigung haben Regierung und Bundeswehrführung Urteile des Bundesverfassungsgerichtes zur

Kenntnis nehmen müssen, die einer steigenden Zahl von Offizieren Recht geben, die sich bei Befehlsverweigerung ausdrücklich auf den Verfassungsartikel 26 berufen.

Da zu einer kriegserleichternden Änderung der Verfassung eine Zweidrittelmehrheit notwendig ist, wird die SPD in dieser Frage über kurz oder lang Farbe bekennen müssen. Die CDU/CSU wird dabei auf eine bewährte Drohung zurückgreifen, die tief im Unterbewusstsein der SPD verwurzelte Ängste auslösen wird. Sie wird den Sozialdemokraten vorwerfen, vaterlandslose Gesellen zu sein, wenn sie sich dem kriegsbereiten Bürgertum in den Weg stellen. Ein Trauma, das seit 1914 irgendwo im Stammhirn der SPD nistet.

Wenn eine Nachkriegszeit zu Ende geht, beginnt eine neue Vorkriegszeit. Für uns war sie kurz und endete auf dem Balkan. Seitdem befinden wir uns im Krieg, auch wenn wir es dank Beherzigung der Clausewitz'schen Regel noch gar nicht bemerkt haben sollten. Dazu einige grundsätzliche Gedanken, die ich nach Beginn des Irakkrieges 2003 niedergeschrieben habe.

Lassen Sie es mich so sagen:

Wenn man heute über Krieg redet, muss man sich als Erstes fragen warum. Die Frage nach dem Motiv ist von besonderer Bedeutung. Früher war das anders. Bei Clausewitz steht in seinem Buch *Vom Kriege* ganz lapidar: »Es gibt nur ein Motiv für Krieg: Landgewinn und Eroberung.«

Das hat sich geändert. Nehmen wir als Beispiel Afghanistan. Da sind wir ja alle froh, dass wir das Land nicht haben. Oder wenn es seinerzeit geheißen hätte:

Wir machen Krieg auf dem Balkan, und wenn ihr mitmacht und wir gewinnen, dann kriegt ihr das Kosovo. Da wären wir doch im Galopp stiften gegangen.

Die Frage des Kriegsmotivs muss heutzutage von Fall zu Fall entschieden werden. Bei uns jedenfalls, die Amerikaner müssen nicht so lange überlegen. Die sind das Imperium, die schlagen einfach zu. Aber wir Vasallen müssen da schon etwas vorsichtiger sein. Man muss es der Bevölkerung erklären, man will wiedergewählt werden. Da sollte das Kriegsmotiv gut überlegt sein, am besten so, dass es nach dem Krieg noch dasselbe ist wie vorher.

Beim Irak ist der Fall übersichtlich. Clausewitz: Landgewinn und Eroberung. Die amerikanischen Ölquellen sind leer, Saudi-Arabien ist ein Wackelkandidat, da muss man eben ein neues Fass aufmachen.

Aber schon bei Afghanistan liegt der Fall komplizierter. Das Land will kein Mensch. Aber da saß eben der Taliban. Die Amerikaner waren am 11. September im eigenen Land angegriffen worden und mussten ein Exempel statuieren, das sind sie sich als Imperium schuldig. Die erste Frage war: Wer war das? Als sie den Steckbrief raushängen wollten, stellten sie fest: Wir haben gar kein Bild.

Und für einen Steckbrief ist natürlich Osama bin Laden wie geschaffen. Der und die Taliban sehen genauso aus, wie Lieschen Müller und die *Bildzeitung* sich das Böse vorstellen. Ein Bilderbuchfeind. Schon rein äußerlich der ideale Kopf für einen Steckbrief. Ungepflegtes Äußeres, verfilzter Bart, dreckige Füße in Sandalen, immer einen Schmuddellappen auf dem Kopf. Das Land war sowieso schon ruiniert, und sie hatten ordentlich was auf den Kerbholz: Religionsdenkmäler geschändet, Schwule gesteinigt, Frauen einen Sack über den Kopf gezogen, da kann ja selbst die CDU zeigen, dass sie fortschrittlich ist. Wenn man so was vor die Flinte kriegt, da muss man ja mitmachen.

Das heißt, wenn man sie vor die Flinte kriegt. Das war ja dann das nächste Problem. Der Fundamentalist bleibt ja nicht stehen, wenn er was ausgefressen hat. Feige wie er ist, versteckt er sich im Gebüsch. Da kam die größte Luftstreitmacht der Weltgeschichte angeflogen, und was macht Osama? Schleicht sich auf einem lahmen Esel davon. Wenn er wenigstens auf einem feurigen Rappen davongesprengt wäre, aber nein, ein Esel musste es sein. Womöglich hat er noch mit einem Palmzweig gewedelt. Da muss man sich nicht wundern, wenn die Amerikaner Schaum vor dem Mund haben.

So viel zu Afghanistan. Was gab's denn noch für einen Krieg? Man kommt allmählich durcheinander, weil dauernd ein neuer anfängt, aber keiner aufhört.

Der Balkankrieg ist für uns natürlich der wichtigste überhaupt. Für uns Deutsche die Mutter aller Schlachten sozusagen. Seither sind wir wieder zurück in der Gemeinschaft Krieg führender Nationen. Und das verdanken wir der rot-grünen Bundesregierung. Man sollte sie noch einmal loben, bevor sie von der Bildfläche verschwindet. Ja, Sie haben richtig gehört: loben. Ich bin keineswegs betrunken.

Es ist ein historischer Verdienst von Rot-Grün, den vielleicht erst die nächste Generation würdigen kann. Die reibungslose Rückführung Deutschlands in die Gemeinschaft Krieg führender Völker durch das Führungsduo Schröder/Fischer war keine Selbstverständlichkeit. Die Tatsache, dass das Ganze lautlos vonstatten ging und wir die historische Dimension gar nicht bemerkt haben, gerade darin besteht die besondere Leistung. Stellen Sie sich vor, wir hätten zu Beginn des Balkankrieges ein Führungsduo Stoiber/Koch oder Schönbohm gehabt. Da wäre die Bundeswehr gar nicht auf dem Balkan angekommen, sondern an der Heimatfront im Straßenkampf hängen geblieben.

Aber was war jetzt unser Motiv, uns am Balkankrieg zu beteiligen? Erzählen Sie mir nicht, wir hätten mitgemacht, um bei uns die Albaner wieder aus den Fußgängerzonen rauszukriegen. Dafür war die Aktion etwas überdimensioniert. Die Alt-Linken glauben ja heute noch, es wäre eine ABM der NATO gewesen, eine Arbeitsbeschaffungsmaßnahme. Gut, vom Timing her hätte es gepasst. Die NATO war in der Tat in einer schweren Krise. Der Warschauer Pakt hatte sich vor ihren Augen selbst entwaffnet und entleibt, Deutschland war plötzlich von Freunden umzingelt, die Waffen verrostet, die Soldaten depressiv. Und in dieser schweren Sinnkrise, unmittelbar vor der Auflösung, schneit noch einmal ein richtiger Auftrag ins Land. Was für ein glücklicher Zufall.

Wobei die Bundeswehr so glücklich gar nicht war, das muss man auch mal sagen. Die Bundeswehr musste man zum Jagen tragen. Ein richtiger Jagdhund, der zerrt doch an der Leine, wenn er so einen Happen vorgesetzt kriegt.

Das war merkwürdig. Es war überhaupt einiges merkwürdig bei diesem Krieg. Die klassischen Pazifisten waren für den Krieg, und die alten Kriegstreiber hatten keine Lust mitzumachen.

Mein Lieblingspazifist zum Beispiel, Erhard Eppler, der war für den Krieg. Eppler ist quasi pazifistisches Urgestein, sah übrigens auch immer genauso aus, wie man sich einen Pazifisten vorstellt: klein und schmächtig, Heinrich-Böll-Mützchen auf den Kopf, einer, der sich jedes Jahr beim Kirchentag mit lila Halstuch unter die Friedensfrauen mischt. Der verkühlt sich heute noch jeden Ostermontag irgendwo die Blase, so einer ist der Eppler. Und der klettert in seinem Alter auf eine Kanzel und predigt: Wer auf dem Balkan Frieden will, muss bereit sein, dafür Krieg zu führen. Eppler für Krieg, das hat mich überrascht. Und Volker Rühe gegen den Krieg, das hat mich noch mehr überrascht. Und wissen Sie, was mich am meisten überrascht hat? Der alte Dregger war gegen den Krieg. Ich weiß nicht, ob Sie den noch kennen. Alfred Dregger, das alte Schlachtross. Man nannte ihn »die Stahlhelm-Fraktion der CDU«. Ein großer Kommunistenfresser vor dem Herrn. Das große Vorbild von Kanther und Koch. Ein Mann, der quasi mit dem Finger am Abzug ins Bett ging. Und der ist plötzlich mit seinen beiden Kameraden im Gleichschritt gegen den Krieg. Da fragt man sich doch: Was ist denn das für ein Krieg, bei dem die nicht mitmachen wollen?

Womit wir dann doch wieder bei der Motivfrage wären. Was gibt es noch für Motive? Eins wäre da noch. Das offizielle Motiv der Bundesregierung. Gut, die offiziellen Motive zur Kriegführung sind immer gelogen, aber der Vollständigkeit halber sollten wir das erwähnt haben. Das offizielle Motiv waren die Menschenrechte. Heftig diskutiert damals.

Und in der Tat, der Balkankrieg hatte etwas Innovatives. Etwas war neu an der Sache. Zum ersten Mal hieß es offiziell: Menschenrecht bricht Völkerrecht. Bis dahin waren Völkerrecht und Staatsgrenzen unantastbar. Eine innerserbische Angelegenheit, geht niemand was an, basta.

Und nun plötzlich ein Recht auf Einmischung in Familienangelegenheiten?

Stellen Sie sich Folgendes vor: Sie leben in einer Reihenhaussiedlung. Brauchen Sie sich vielleicht gar nicht vorzustellen: Denken Sie einfach an zu Hause. Sie sind stolz darauf, Herr in den eigenen vier Wänden zu sein und leben mit Ihrer Familie mehr oder weniger glücklich zusammen. Aber bei einem Ihrer Nachbarn, bei der serbischen Großfamilie am Siedlungsrand, da wird's ab und zu laut, dem Mann rutscht schon mal die Hand aus, die Frau schreit rum, rennt auch mal auf die Straße.

Aber so lange die Frau nicht bei Ihnen mit Sack und Pack vor der Tür steht – Privatsache.

Eines Tages, der serbische Nachbar hat wieder mal ne hausinterne Befriedungsaktion gestartet, kriegen Sie mit, dass bei ihm jemand Sturm klingelt.

Sie gucken vorsichtig raus, da steht Erhard Eppler beim Nachbarn vor der Tür und sagt, er holt gleich die Polizei, wenn das nicht aufhört.

Joschka Fischer ist auch dabei, druckst rum, Probleme mit Frauen habe er auch, aber er würde dabei nicht die Menschenrechte verletzen, mit Scheidung habe er zum Beispiel gute Erfahrungen. Scharping will auch was sagen, aber dem Nachbarn reicht schon sein Anblick, und er schreit los: »Wo kommen wir denn hin, wenn man in seinen eigenen vier Wänden nicht mehr machen kann, was man will?«

Das ist ein Argument.

Spätestens hier macht ein Christdemokrat vor der Tür kehrt und geht zurück an den Stammtisch. Eppler und Fischer natürlich nicht. Die kommen da erst richtig in Fahrt, holen die Polizei, die demoliert dem serbischen Randalierer die Wohnung, er kriegt Hausarrest und kann noch froh sein, dass er nicht rausfliegt, und die Familie darf drinbleiben. So sind die rot-grünen Gesetze bei Gewalt in der Familie.

Verstehen Sie jetzt die CDU?

Sie kann sich eher mit dem prügelnden Haushaltsvorstand identifizieren als mit dem frauenbewegten Menschenrechtler auf der Straße. Das Hausrecht des Nationalstaats wird verletzt.

Aber das Ganze hat noch einen Haken:

Eppler hat gar nicht die Polizei geholt. Das war ja nicht die Weltpolizei, die da kam. Aber wer war das? Epplers großer Bruder? Die Bürgerwehr? Der Blockwart? Oder die Sheriffs von der privaten Wach- und Schließgesellschaft? Wer ist für so was zuständig?

Und nicht genug damit: Statt die demolierte Bude aufzuräumen, randalierte die albanische Verwandtschaft anschließend auch noch.

Was macht man mit solchen Nachbarn? Früher hätte man den ganzen Laden einfach übernommen und eine Kneipe draus gemacht: »Balkan-Grill«. Aber als Mieter hätten sie sich bestimmt um gar nichts mehr gekümmert, wie Mieter so sind, dann Räumungsklage, und ratzfatz stehen sie mit Sack und Pack wieder in der Fußgängerzone.

Sie sehen, es ist kompliziert. Aber wenn »Menschenrecht vor Völkerrecht« wirklich das Motiv gewesen wäre, dann könnte das zumindest erklären, warum Dregger nicht mitmachen wollte. So ein Kriegsmotiv hatte er in seinem ganzen Leben noch nicht gehört, und er kannte einige.

Und den Menschenrechten zum Sieg verhelfen, wäre für deutsche Verhältnisse schon recht achtbar. Militante Humanität als tätige Reue, mit dem Motiv könnten wir uns wieder blicken lassen, und der Pazifist guckt blöd aus der Wäsche.

Was er übrigens auch getan hat. Sollten Sie an dieser Stelle eine leichte Animosität gegen unsere Pazifisten zwischen den Zeilen herauslesen, dann haben Sie richtig gelesen. Auf dem Balkan haben sich unsere Pazifisten weiß Gott nicht mit Ruhm bekleckert. Auf dem Balkan war schon seit Jahren das Blut in Strömen geflossen, da haben sich unsere Pazifisten immer noch schwerpunktmäßig in der Arbeitsgruppe Papua-Neuguinea engagiert. Eine schwere geographische Verirrung. Vor lauter Weitblick nicht gesehen, was vor der eigenen Nase geschieht. Das war ja überhaupt das eigentliche Problem: dass es in unserer Nachbarschaft passiert ist. Wäre das Ganze in Afrika passiert, hätten wir in Ruhe am Fernseher zugucken können. Aber so direkt nebenan, nur eine Flugstunde weg und kein Wasser dazwischen, das war das Problem.

Die Grünen hat es als Partei fast zerrissen. Die eine Hälfte wollte ja gar keinen Krieg mehr. Typisch deutsch, von einem Extrem ins andere. Erst zwei Weltkriege hintereinander, und dann gar nichts mehr. Statt wieder klein anzufangen mit einen kleinen Krieg und vernünftigem Motiv.

Auf dem Balkan ist eine Lebenslüge der Grünen geplatzt, und daran wird niemand gern erinnert. Eine ganze Generation hat feststellen müssen, dass der Kalte Krieg die friedfertigste Zeit ihres Lebens gewesen ist. Eine bittere Erkenntnis für die Grünen. Vor allem, wenn man geglaubt hat, dass der Frieden auf Erden dauerhaft sein wird, weil die Grünen in die Politik eingetreten sind. Wobei man diese Blauäugigkeit nicht allein den Grünen anlasten darf. Es ist ja in Mode gekommen, auf sie einzuprügeln, aber diese Hoffnung hatten ja nicht nur die Grünen. In den USA stand lange Zeit ganz oben auf der Bestsellerliste das Buch *Das Ende der Geschichte* von Fukuyama. Mit dem Schlusskapitel, dass es nach Zusammenbruch der Sowjetunion mit dem Hegemon USA als alleiniger Supermacht keine Kriege mehr geben wird. Was bemerkenswert ist, denn die Amerikaner sind ja nun weder grün noch pazifistisch.

Bei unseren Grünen war aber die Friedensdividende schon besonders weit fortgeschritten. Die hatten ja ihre pazifistische Grundhaltung schon in die Kleinkindpädagogik eingearbeitet. Wenn das grüne Kleinkind sagt: »Papa, du Arschloch«, dann lautet die korrekte Antwort: »Oh, oh, oh, wir haben doch ausgemacht, dass du Karl-Heinz zu mir sagst.« Gut, das nehme ich zurück, das ist eine polemische Entgleisung.

Ich habe mich auch thematisch etwas verzettelt. Das Motiv für den Balkankrieg haben wir immer noch nicht gefunden, aber der Krieg geht ja noch ein paar Jahre, da können wir uns noch ein Motiv überlegen. Im Zweifelsfall sagen wir einfach: Die Motive liegen im Dunkeln. Das kann man immer sagen.

Wobei das auf dem Balkan wirklich stimmt. Da liegen 6000 bis 7000 Motive für den Krieg im Dunkeln. Im Wald bei Srebrenica, bei den gut genährten Würmern. Die Reste werden gerade ausgegraben. Über doppelt so viele Kriegstote wie bei den Twin Towers in New York. Den Namen Srebrenica kann man aber kaum aussprechen, und nicht auf der Karte mit dem Finger drauf zeigen. Vor allem gab es keine Bilder, weil es dort im Wald sehr dunkel ist. Und das kann sich ein Massaker heutzutage nicht mehr leisten. Kameratechnisch völlig ungeeignet für unsere Betroffenheitsmaschinerie. Da lobe ich mir einen klaren Septembermorgen in New York. Geeignet für jede Amateurkamera, die in Einzelbildschaltung zu Hause die Betroffenheit abrufen kann. Srebrenica war völlig untauglich. Jede Flutkatastrophe ist besser zur Herstellung von Betroffenheit.

Übrigens eine glückliche Fügung, dass es davon keine Bilder gab. Die wären schwer verdaulich gewesen. Dieses Massaker können wir nämlich nicht dem amerikanischen Fleischerhund in die Schuhe schieben. Das sind unsere Knochen. Die Abwesenheit des amerikanischen Fleischerhundes war gerade das Problem. Und der wird auch nicht mehr kommen, der amerikanische Fleischerhund, wenn hier in Europa mal wieder was los ist.

»Ihr habt doch einen hohen moralischen Anspruch«,

werden die Amerikaner sagen, »legt euch doch selber einen Fleischerhund zu.« Das wäre die unangenehme Erkenntnis aus Srebrenica, wenn wir etwas davon wüssten. Die Frage bleibt uns erspart, was wir auf dem Balkan gemacht hätten, ganz ohne Amerikaner.

Gar nichts wahrscheinlich. Karl-Heinz hätte vielleicht zu einem kraftvollen Margarineembargo aufgerufen. Entschuldigung, noch eine Entgleisung. Aber bei diesem Thema geht es mit mir durch. Wir Europäer sind bei der Durchsetzung von Menschenrechtsfragen von den Amerikanern abhängig, das ist die bittere Erkenntnis. Ausgerechnet von denen. In Menschenrechtsfragen von einem texanischen Cowboy-Legastheniker abhängig sein, der im Suff zum christlichen Fundamentalisten mutiert ist.

Natürlich ist mein Beitrag etwas ausgeufert, ich habe mich mitreißen lassen. Vielleicht kein schlechter Zeitpunkt aufzuhören. Über die Amerikaner ist ohnehin alles gesagt. Wir wissen, was wir von ihnen zu halten haben. Kulturell sowieso, und moralisch sind sie ohnehin indiskutabel. Manchmal fragt man sich: Was sind das überhaupt für Menschen, diese Amerikaner? Wo kommen sie überhaupt her? Gut, das sollten wir uns besser nicht fragen, die Antwort wäre unbefriedigend. So weit, wie wir sie gerne von uns wegschieben würden, können wir das gar nicht. Historisch betrachtet sind die Amerikaner mit uns verwandt. Ich meine nicht persönlich, aber historisch. Wenn man es genau nimmt, dann sind die Amerikaner die Nachkommen europäischer Flüchtlinge. Genau genommen könnte man sagen: Wirtschaftsflüchtlinge. Menschen, die aus minderen Beweggründen ihrer Heimat den Rücken gekehrt haben. So war das damals. Hunderttausende haben damals von unserer christlichen Hochkultur den Hals nicht voll bekommen und sind dann von professionellen Schlepperbanden wie Hapag-Lloyd nach drüben geschafft worden. Hapag-Lloyd ist praktisch als Schlepperbande reich geworden. Und die Amerikaner haben sie alle genommen, unsere Wirtschaftsflüchtlinge. Mit offenen Armen.

Ein berühmtes Gedicht steht auf dem Sockel der Freiheitsstatue in New York. Ein Gedicht zur Begrüßung der Wirtschaftsflüchtlinge:

»Gebt uns eure Armen,
gebt uns eure Hungernden,
gebt uns die Massen der Bedrängten,
die sich danach sehnen,
wieder frei zu atmen.«

Mit Blick nach Osten, Richtung Europa. So haben sie unsere Wirtschaftsflüchtlinge begrüßt. So ein Gedicht liest man bei uns eher selten. Gut, das war auch eine andere Zeit, und ein Indianer hätte das Gedicht sicher auch falsch interpretiert.

Sie sehen, wenn man erst mal anfängt, über die Amerikaner zu diskutieren, bringt man einiges durcheinander. Wir sollten unsere Abneigung lieber kultivieren. Gerade wenn man als Deutscher mit den Amerikanern über Moral diskutieren will, dann fangen sie an zu lachen und sagen: Eure deutsche Moral kennen wir, wir haben euch doch im letzten Jahrhundert zweimal besucht. Beide Male sind wir extra euretwegen nach Europa gekommen. Und wer da die Moral im Marschgepäck hatte, ist für uns nicht leicht zu diskutieren.

Ein inadäquates Selbstbewusstsein tragen sie mit sich herum, nur weil sie als Demokratie auf die Welt gekommen sind. Dabei wissen die meisten doch gar nichts mehr darüber. Mit denen geht es doch geistig bergab. Dabei waren sie schon mal viel weiter. Die Vereinigten Staaten von Amerika waren das erste Land, das einen international gültigen Vertrag zur Wahrung von Menschenrecht und Menschenwürde geschlossen hat. Und wissen Sie, wer der Vertragspartner war? Der Alte Fritz, der König von Preußen. Ein paar Jahre vor Beginn der Französischen Revolution! Was will uns das sagen? Schwer zu sagen, aber irgendetwas sagt es uns. Vielleicht, dass Menschenrecht und Menschenwürde Errungenschaften der Aufklärung sind, Erfolge des alten Europa.

Und die Amerikaner sind jetzt auf dem besten Weg, sich davon wieder zu verabschieden. Sie beginnen das einundzwanzigste Jahrhundert mit der Jagd nach dem Teufel. Der Teufel stammt aus dem Mittelalter, und die Amerikaner sind hinter ihm her. Das ist doch erschütternd. Wenn es übrigens der Teufel war, dann brauchen die Amerikaner ihn jetzt nicht mehr zu suchen. Der Teufel wartet doch nicht auf der Erde, bis die Amerikaner kommen. Wenn der Teufel auf der Erde etwas anrichtet, dann geht das ratzfatz. Er kommt kurz zu uns runter, stampft einmal mit dem Pferdehuf auf – das reicht für zwei Hochhäuser –, dann noch ein Hauch von Hölle, Pest und Schwefel, und schon ist er wieder weg. Den

Rest machen wir selber. Die Gläubigen und Frommen sämtlicher Himmelsrichtungen fallen anschließend übereinander her, da ist der Teufel schon längst wieder oben beim lieben Gott, trinkt mit ihm Bier und sagt: »Siehst du, ich habe die Wette wieder gewonnen. Deine glühendsten Verehrer, das sind überall die schlimmsten.«

Aber jetzt habe ich mich endgültig verzettelt. Jedenfalls haben wir das mit den Amerikanern zu Ende gebracht. Eine historisch bedingte beiderseitige Abneigung. Die nehmen uns heute noch übel, dass wir sie damals verhungern ließen, und wir nehmen ihnen übel, dass sie da drüben so gesund und fröhlich überlebt haben.

Oder es ist nur eine Neidreaktion von uns, die dunkle Ahnung: Wir sind die Griechen der neuen Römer. Der Satz überzeugt mich nicht wirklich, aber man kann damit enden und die Leute der Ratlosigkeit überlassen. Das ist ja auch schon mal was.

7 Der Sozialdemokrat – eine aussterbende Spezies

»Das 20. Jahrhundert ist das Jahrhundert der Sozialdemokratie« – den Satz hat vor langer Zeit der große Liberale Ralf Dahrendorf gesagt, einer der wenigen Deutschen, die es in England zu hohem Rang und Ansehen gebracht haben. Das 20. Jahrhundert liegt nun hinter uns, und die Kraft der Sozialdemokratie schwindet im gleichen Maß wie die Bedeutung der Arbeiter für das Wirtschaftswachstum.

Mir bot sich die Gelegenheit für ein kurzes Resümee, als im Mai 2003 Dieter Hildebrandts letzter »regulärer« »Scheibenwischer« gesendet wurde. (Danach folgte im Oktober 2003 die große Abschiedssendung, dazu siehe »Ein starker Abgang«, S. 152.)

Die Ära Hildebrandt ging zu Ende, die Ära des sozialen Friedens im Land ebenfalls, dazu die Agonie des Sozialstaats und das schrille Triumphgeheul der Neoliberalen in Union und FDP. Abschiedsstimmung und Wehmut lagen in der Luft, als die letzte Sendung begann: für die Zuschauer im Studio, für die langjährigen Mitarbeiter der Sendung, die Hildebrandt in all den Jahren nach jeder Sendung in den »Preußischen Landgasthof« eingeladen hatte, und nicht zuletzt für mich. Ich habe einen – im Alltag meist sorgfältig verborgenen – Hang zur Sentimentalität und bin dem Pathos nicht abgeneigt, wenn sich eine gute Gelegenheit bietet. Und dieser Abend war eine gute Gelegenheit.

Der Sozialstaat, die SPD und Dieter Hildebrandt

Wir erleben das Ende einer Ära, der wir noch lange nachtrauern werden.

Wenn wir über den Niedergang des Sozialstaates geredet haben, sollten wir auch noch kurz einen Blick auf seine preußischen Anfänge werfen. An einem solchen Abend ein klein wenig auszuholen, halte ich für angemessen.

»Die soziale Frage lässt alle Regierungen schaudern«, hat Bismarck gesagt. Er wollte sie lösen. »Um Sozialisten und Sozialdemokraten zu bekämpfen, muss man den berechtigten Teil ihrer Forderungen erfüllen.« Sein Plan war, durch ein Minimum an Staatssozialismus zugunsten einer Sozialversicherung die SPD dauerhaft von ihrem radikalen Teil abzuspalten.

Finanzieren wollte er das Ganze durch umfassende Tabakbesteuerung und materielle Zugeständnisse des Kapitals.

So dachte der alte Bismarck vor 120 Jahren.

Sein Finanzierungsmodell scheiterte an der Lobby des Kapitals. Damals schon. Seine Sozialreformen fielen so mickrig aus, dass die SPD weiter wuchs. Das 20. Jahrhundert wurde das Jahrhundert der Sozialdemokratie.

Sie löffelte nach dem Ersten Weltkrieg die Suppe für andere aus.

Sie verhinderte 1919 die Revolution, was ihr das Bürgertum niemals dankte. Sie milderte nach dem Zweiten Weltkrieg die großen Lebensrisiken der kleinen Leute, verlieh der Industriegesellschaft zusammen mit den Gewerkschaften menschliche Züge.

Und nun ist das Jahrhundert der Sozialdemokratie vergangen. Zu Beginn des neuen, des 21. Jahrhunderts wird ihre Gefolgschaft nicht mehr als Arbeitskraft gebraucht. Die SPD hat ihre Schuldigkeit getan und kann gehen.

Wir erleben das Ende eines äußerst erfolgreichen Gesellschaftsvertrages, der auf Wachstum und Vollbeschäftigung basierte.

Wir ahnen, dass Vollbeschäftigung nur eine kurze Episode der Industriegesellschaft gewesen ist und Massenarbeitslosigkeit ihr Normalzustand.

Wir ahnen, dass unser geliebtes und gelobtes Wachstum kein Naturgesetz ist.

Aber kann eine zivile Gesellschaft ohne Wachstum leben?

Wenn das zum Leben Notwendige so effizient produziert wird, dass dauerhaft 15 bis 20 Prozent der Bevölkerung erwerbslos sind, wie kriegen wir das unter ein Dach?

Wäre das nicht die Stunde der Opposition, des Bürgertums?

Wo bleibt der große Wurf der Konservativen, ethisch fundiert, meinetwegen auch christlich, Hauptsache fundiert?

Was mutet das wohlhabende Bürgertum seiner Gefolgschaft zu an Opfern im Dienst des Großen Ganzen?

In den USA haben sich Hunderte von Millionären zusammengetan und eine drastische Erhöhung der Erbschaftssteuer gefordert, damit der amerikanische Pioniergeist nicht verloren geht. Können Sie sich eine solche Debatte bei den deutschen Besitzstandswahrern und Couponschneidern der Oberschicht vorstellen? So was kommt bei denen in die Neidkampagnenschublade.

Hat sich die Union an Kohls geistig-moralischer Wende derart verhoben, dass sie dauerhaft kleinkariert bleibt?

Wem können Sie solche Fragen überhaupt stellen in der CDU? Heiner Geißler? Ist der noch in der Union? Die eigene Partei hat ihm gerade die geistige Zurechnungsfähigkeit abgesprochen.

Egon Bahr hat sich dieser Frage gestellt. Der Mann ist über 80 und hat in der SPD nichts mehr zu sagen. Auch er hat diesen Mut zu unbequemen Fragen und Antworten, der alte Männer bisweilen befällt.

Ich hatte einen Traum: Ein Ältestenrat setzte sich zusammen und bildete eine große Koalition der Vernunft – aber dann klingelten die Versicherungs- und Pharmavertreter an der Tür, und ich wachte auf.

Nein, nein. Die Alten treten einfach ab, und es bleiben Löcher zurück.

Auch Hildebrandt tritt jetzt ab, und der »Scheibenwischer« neigt sich seinem Ende zu. Was wird danach kommen?

Der Programmbeirat setzt sich zusammen – dann klingeln die Parteienvertreter an der Tür, und man wird Sie mit öffentlich-rechtlichem Lachgas betäuben.

Die Polemik ist tot – es lebe die Unterhaltung!

Ich finde, eine Prise Pathos kann an einem solchen Tag nicht schaden.

Wenn von den Sozialdemokraten die Rede ist, taucht vor dem inneren Auge meist die SPD-Führungsriege auf, was dann mit wenigen Ausnahmen zu einer emotionalen Abwehrreaktion führt. Die viel zitierte SPD-Basis bleibt dagegen abstrakt, dem Begriff haftet Negatives an, »weltfremd« und »von gestern« sind noch vergleichsweise höfliche Attribute. Gerne wird über das »Seelenleben der Basis« geschrieben, aber selten nimmt die sozialdemokratische Seele Gestalt an.

Ich empfand es als eine reizvolle Aufgabe, einen Sozialdemokraten auf der Bühne zum Leben zu erwecken, der sein Seelenleben und seine ganz eigene Sicht der Dinge offenbart. Das große Problem dabei: Vermieden werden musste, was man in Fachkreisen den »falschen Applaus« nennt, in diesem Fall Schenkel- und Schulterklopfen bräsiger Christdemokraten und alerter Freidemokraten.

Die Gratwanderung zwischen Verhöhnung und Verklärung wurde mir erleichtert durch ein Vorbild in der näheren Verwandtschaft. August war ein Frankfurter Sozialdemokrat, dessen Platz am Stammtisch nie leer blieb, und das war auch gut so. Einer wie er sollte an keinem Stammtisch fehlen, weil sein größtes Vergnügen darin besteht, den »Schwarzen« Kontra zu geben, und da er kein Englisch kann, ist ihm »political correctness« unbekannt. Egal, ob Wohltätigkeitsbazar, Gesetz über gleichgeschlechtliche Eheschließung oder BSE, August mischt mit und hält dagegen.

Rotarier und Lioner

Ich halt gar nix von so Vereine wie die Rotarier und Lioner und wie die all heiße.

Ich hab mei Lebtag von so Leut nix habe wolle, und hab auch nix gekriegt. Fertig.

Ich kenn die aber. Die habe bei uns en Stand samstags uff em Wochemarkt. Ich weiß aber net, ob es die Rotarier sin oder die Lioner, die sehe sich ähnlich. Ich mein die, die so en blaue Lappe habe als Vereinswimpel, der hängt immer vorne am Tapeziertisch. So mit Reißzwecke. Da ist vorne so e Ding drauf, ich glaub, des is es Lenkrad vom Segelboot, des habe die als Wappe.

Un dann habe die immer Plakate dabei, da sin dann Bilder drauf von so halb verhungerte Neger, für die sind se als am sammele. Die habe se uff de Safari kenne gelernt, un dann sammele se bei uns Geld un gebe es bei de nächste Safari bei dene ab un mache Bilder, dass mer bei uns gucke kann, was für Mordswohltäter die sin. So Zeug mache die.

Wenn ihr mal so en Stand seht, müsst ihr nur mal gucke, was des für Leute sind, da weißt de alles. Des sin immer dieselbe. Nur Leut, die sich ihr Lebtag beim Schaffe die Finger net dreckig gemacht habe.

So was seh ich von weitem.

Die habe, nur mal als Beispiel, die habe auch immer en Kühlschrank dabei uff em Wochemarkt. Was brauche die en Kühlschrank, wenn se für halb verhungerte Neger uff em Wochemarkt Geld sammele. Ich weiß es, der hat nämlich mal offe gestande, da hab ich es gesehe. Da habe se de Schampus drin, wann es langweilig wird beim Geld sammele. Deswege is die Ding auch immer dabei, die Frau von meim Zahnarzt, die dumm Nuss. Die steht immer vorne am Suppekübel. Die habe immer so en Mordssuppekübel dabei. Da verkaufe se dann Kartoffelsupp – aber mit Lachs.

Der is wahrscheinlich noch vom Sektfrühstück übrig, den schmeiße se dann in die Kartoffelsupp und gehn uff de Wochemarkt un sammele Geld für die Halbverhungerte.

Neulich hab ich dene gesagt, was ich da devon halt. Ich weiß noch genau, wann es war. Des war – ein Tag vor de Bundestagswahl. Des weiß ich noch, weil mir ging's net gut. Mir hatte Freitagabend noch Sitzung beim Ortsverein, da war die Stimmung natürlich im Eimer. Un Samtags morgens geh ich zum Markt, und wie es de Zufall will, grad wie ich an dem Stand vorbei komm, stehe se all mit'm Sektglas in de Hand da, un de Oberdummschwätzer sagt: »Meine Herren, lassen Sie uns anstoßen auf das Ende der Sozialdemokraten.«

Un dann habe se all gelacht, angestoße, un in einem Zug war de Schampus unne.

Und des war mir zu viel. Ich hab gar net lang überlegt. Ich bin hin und hab gesagt: »Wisst ihr, was ich von euch halt? Wenn es euch net gäb, dann bräuchte wir auch kein Stand.«

Was anderes ist mir so schnell net eingefalle. Ich hatt ja kei Zeit zum Überlege. Dann habe se natürlich all blöd geguckt, habe so gemacht, als ob se es net verstanne hätte, und dann hat der Obersimpel gesagt: »Guter Mann, was wollen Sie uns denn damit eigentlich sagen?«

Ich hab's ihm erklärt. Ich hab gesagt: »Pass gut uff«, hab ich gesagt, »erstens bin ich net dein gute Mann. Und zweitens hab ich von eim wie dir mein Lebtag nix habe wolle. Ich bin en einfache Arbeiter. Ich hab 45 Jahre lang geschafft un wollt nix anderes als en anständige Lohn. Und wenn der anständig war, dann hat es gereicht für Kartoffelsupp für die ganz Familie. Da war allerdings auch kein Lachs drin, sondern Worschd, wie sich's gehört für Kartoffelsupp. Da war sogar meistens noch en Deller übrig, dass einer mitessen konnt. Den hab ich mir aber selber ausgesucht, wem ich en Teller abgeb, un da wärst du Simpel net debei gewese, du net!«

Fachsimpeleien über Schwule

Letzt Woch hatt ich am Stammdisch Krach mit em Ludwig. Aber schwer. Mir hatte's von dem neue Gesetz mit Schwule un schwule Lesbierinne. Dass die amtlich mit Gesetz alles mache könne, grad so, wie se es brauche. Bevor de Ludwig kam, war's noch friedlich. Mir habe ganz gemütlich über Schwule geschwätzt, wie mer halt über Schwule schwätzt am Stammdisch, un wir warn grad beim Patrick Lindner, wie de Ludwig kam. Weil der Patrick Lindner is auch schwul, un bei dem is es ja eigentlich e bissche schad, weil: Er singt sehr schön. Un mei Frau hat früher auch immer gesagt: »Der Patrick Lindner, der wär was für unser Helga.«

Also, jedenfalls hatte wir's vom Lindner, un da kam de Ludwig dazu.

Jetzt muss mer wisse: De Ludwig hat komische Ansichte. Er find den Roland Koch sehr gut. Aber er is kein schlechte Mensch an sich, de Ludwig. Man darf halt nur net über Politik mit em spreche, aber sonst geht's. Er wählt eigentlich Republikaner, aber beim Koch macht er immer e Ausnahm.

Also, wie gesagt, wir warn bei de Schwule, un de Ludwig war gleich uff hunnert: Des wird alles nur schlimmer, die vermehrn sich erst, seit Rot-Grün regiert. »Ihr rote Bandite seit schuld«, hat er zu mir gesagt. Ich bin beim Ludwig einer von de rote Bandite, weil ich in de SPD bin.

»Des wird erst wieder besser, wenn de Roland Koch Kanzler is, dann sinse gleich fort.« Hat er sich aufgeregt. Ich sag: »Ludwig, die hat's doch früher auch schon gebe.«

Aber es war nix zu machen. Früher wär's besser gewese, sagt er. »Wenn ein Deutscher Stolz im Leib hat, ist er auch nicht schwul.« Wir ware fünf Mann am Stammdisch, un all habe gesagt, dass des Blödsinn is, aber er hat kei Ruh gegebe.

Un dann hat ich die Idee un hab gesagt: »Ludwig, hast du eigentlich gewusst, dass de Patrick Lindner in de NPD is?« Da hat er geguckt. Ich mein, des stimmt ja gar net, aber ich wollt ihm Kontra gebe, dass Ruh is.

Aber da ging's erst richtig los. Des wär unmöglich, hat er gesagt, des ging schon biologisch net.

Un dann hab ich langsam Oberwasser gehabt un hab nachgelegt: »Reg dich net uff, Ludwig, des hat's bei eure Leut früher öfter gebe. Euer SA-Chef, de Röhm, des war doch auch son schwule Sack. Den habe die eigene Leut erschosse.«

Dann is es noch schlimmer gewese beim Ludwig. Geschichtsfälschung wär des, wir wärn des gewese, die rote Bandite hätte alles verdreht. »Deutsch und schwul geht nicht, da muss sich der Charakter entscheide!«, hat er gebrüllt. Aber ich war dann schon richtig in Fahrt: »Freilich war der schwul, de Röhm. Wer weiß, warum en de Hitler hat erschieße lasse.« Und dann hab ich em Ludwig de Rest gebe: »Vielleicht hat er was gehabt mit ihm, de Hitler. Der hat doch bei de Eva Braun auch kein hoch gekriegt.« Des hat gesesse. Die andern habe sich schiefgelacht, und de Ludwig hat sein Schoppe stehn lasse un is heim.

Un wir habe ganz normal weiter über Schwule diskutiert.

Beim Metzgerschorsch zum Rinderwahn

Also des mit dem Rinderwahn wird selbst mir zu viel, un ich bin net verwöhnt. Was ich in meim Lebe an Rindsworschd gegesse hab, des geht uff kaa Kuhhaut. Un da hast de aach nie gewusst, was des für e Brüh is, die da nausspritzt, wann de se ufgestoche hast.

Aber wie jetzt in de Zeidung gestande hat, dass da Tiermehlsupp debei ist, da hat's mer gereicht. Tiermehlsupp!

Wenn mer's genau nimmt, hab ich praktisch die alt Katz von de Fraa Rauscher gegesse. Jetz mal als Beispiel. Die hat, wie ich se gefunne hab, hat die schon gestunke. Ich waas noch, wie ich überlescht hab, wo se die hie habe. Jetzt waas ich's. Die habe se gekocht un ins Fudder. Die halb vergammelt Katz von de Fraa Rauscher!

Da dät ich als Rindvieh aach es Zucke anfange. Kaa Wunner, dass die Engländer nix mehr uff die Reih krieje.

Un des hab ich em Metzgerschorsch aach gesacht. Im Lade. De Metzgerlade war voll zum Schluss. Kaan Umsatz, aber e Mordsdiskussion. Un dann hat de Dokter Kemmerling gesacht, der hat nebe mer gestanne, der holt um die Zeit immer Tatar für sei Katz, de Kemmerling secht: Des wär uns middm Inder nicht passiert. Bei dene is es Rindvieh heilig. Die sehe zwar aach ziemlich fertig aus, abber se wern net gegesse.

Jetzt waas ich aach, warum die Computerspezialiste uff amal all aus Indie komme un kaa Engländer.

Ich hab gesacht: Dann kontrolliern mir die falsche

Ausländer! Mir gucke als Richtung Balkan da nunner, Türke, Afrikaner, die Richtung, unn hinner unserm Rücke passiern die Sauereie. Engländer, Belgier, Holländer, die mische Motoröl un Getriebefett unner des verbrannte Pommfrittöl, verfüddern de ganze Dreck, un ich hab's im Frühstücksei!

De Metzgerschorsch had dann lamendiert: Entweder mir kaafe jetzt was, oder er mächt zu.

Ich bin dann nebedran zum Gemüs-Achmed un hab Türkegemüs gekaaft. Da wird aach was drin sei, abber es war noch net in de Nachrichte.

Dies Jahr gibt's jedenfalls kaa Rindsworschd an Heilig Abend. Mir esse Lebber. Die hat Schwermedalle, aber die sammele sich erst 20 Jahr, bisse aan vergifde. Bis dahin hat's mich schon lang gebutzt.

En schöne Advent. Un gucke Se mal bei de Spekulatius hinne uff de Packung, ob die aus England sin!

Bei aller Toleranz ist August mit den Ostdeutschen nie richtig warm geworden. Er hat ihnen nicht verziehen, dass sie sich Helmut Kohl an den Hals geworfen haben. Nach über 40 Jahren sozialistischer Erziehung ausgerechnet dem Mann, der unermüdlich gegen die Ostverträge polemisiert und bei jeder Gelegenheit Willy Brandt für seine Ostpolitik übelst beschimpft hatte.

Für August war es eine Selbstverständlichkeit, dass die Brüder und Schwestern in überwältigender Mehrheit SPD wählen würden. Stattdessen musste er in den Nachrichten hören, wie sie »Helmut, nimm uns an der Hand, führ uns ins gelobte Land« skandierten. Und musste mit ansehen, wie sie sich den Begrüßungs-Hunderter wie ein Brett vor den Kopf klatschten. Geld, das Kohl heimlich aus dem Sparstrumpf von Augusts Rente gestohlen hat.

Ostdeutsches Wachstum

Also gestern, des war sehr interessant am Stammdisch. Wir hatte als Thema Ostdeutsche, weil neulich in de Zeidung gestande hat, dass die so gewachse sin in de letzte Jahr drübbe. Die sin praktisch größer geworde, seit se bei uns sin.

Bei de Bundeswehr habbe se des gemerkt, weil da werde se ja all gemesse. In de DDR warn die zwei Zentimeter kleiner. Des is net viel, aber mathemadisch is des praktisch ein Kopp kürzer. Des hat uns de Lehrer erzählt. Wir habe doch en Lehrer bei uns am Stammdisch. Noch garnet so alt, abber pensioniert. En Lehrer halt.

Mir is des nie aufgefalle, dass die kleiner warn. Die warn halt immer so e bissche gebückt vom Kopp einziehe, abber des kann's ja net gewese sein, weil beim Messe müsse se ja grad stehe.

Also wenn du mir ein von dene uff de Straß hingestellt hättst, da merkste nix. Den siehst du un denkst: So sehe se halt aus, was willst de mache.

Aber ob des jetzt von de Diktatur da drübbe komme is, un jetzt in de Freiheit wachse se un mache de Buckel grad, ich weiß ja net. Wenn ich se so redde hör, müsste se noch mehr geschrumpelt sein, so wie die lamendiern.

De Lehrer sagt, es käm vom Esse. Dass die nix Gescheites zum Esse hatte in de DDR, nur Broiler, Bratworschd un Sättigungsbeilage. Aber wenn de siehst, was se heut esse: Bratgickel, Curryworschd un Pommfritt. Des is doch deselbe Dreck.

Un man weiß auch gar net, ob die Fraue von dene jetzt auch wieder wachse. Von dene weiß man nur, dass die uff ein Schlag keine Kinner mehr kriegt habe nach de Mauer. Vom Esse kann des net gewese sei. Ich glaub, die wollte net. Und ob des jetzt auch wieder anders wird – also, mal unner uns: Wenn ich die Wahl hätt, ein Kopp größer oder mehr Kinner, dann lieber en Kopp größer. Lieber guckt mal ein große Ostdeutsche uff mich runner, als dauernd zehn Kleine zu mir hoch.

Die Oderflut und Roberto Blanco – eine Naturkatastrophe

Also, mit Politik diskutiern wir viel am Stammdisch, was da alles passiert mit Araber un Amis, Islam un des ganze Zeug. Aber nur so was, des hält ja auch keiner aus. De ganze Tag nur über Araber, da schmeckt dir ja de Schobbe nicht mehr. Man muss zwischendurch auch mal Spaß habe, dass man auch lache kann, so ein Thema muss auch sein. Also mal Schwule oder Ostdeutsche, so was, wo auch mal gelacht werde kann.

Obwohl das auch net immer geht. Jetzt mal als Beispiel Ostdeutsche. Über die kann man net immer Witze mache. Wie des zum Beispiel mit dem Hochwasser war, da konnt man keine Witze über die mache e Zeit lang.

Das war ja ein Mordsthema, wochenlang kam nix anderes im Fernsehen. De ganze Tag Reporter in Gummistiefel, des hat ja gar net uffgehört letzt Jahr. Oder war's vor zwei Jahr? Genau, vor zwei Jahr war des Hochwasser, letztes Jahr habe sie's im Fernsehen nur wiederholt, weil keins war.

Wie gesagt, damals konnte man keine Witze mache über die. Das war ja eine Katastrophe, also von der Natur aus, wochenlang die Bilder, was alles kaputt war. Es warn ja auch oft immer dieselbe Häuser, die se da gezeigt habe, und die durften es auch noch selber erzählen, die Ostdeutsche, was passiert is. Und dann noch die Sprach dazu, also, die sind geschlage, die Leut.

Aber dann gab's ja diese Spende, da habe wir auch was gebbe, die Muddi un ich. Wenn so was passiert, gibt's ja anschließend immer diese Gala-Katastrophen im Fernsehen, des gucke wir auch sehr gern. Wo dann immer diese Künstler auftreten, die alles verlorn habe. Wobei das auch net immer so is, weil ein paar von dene sin bei jeder Gala-Katastrophe dabei, egal ob Erdbebe oder Hochwasser. Bei dem eine is mir des aufgefalle, de Ding, de Neger mit dem Schwellkopp, der immer so lacht – Roberto Blanco, so heißt er, jetzt fällt's mir ein. Da hab ich mich damals gewundert, dass der bei dem Hochwasser dabei war, da hab ich noch zur Muddi gesagt: ob die sich über den jetzt grad so freue, die Ostdeutsche. Weil mit dene Neger habe sie's ja net so, die Ostdeutsche. Gut, man könnt sage, beim Roberto Blanco is net so schlimm, weil, der is gar kein richtige Neger. Der is ja aus Frankfurt. Also richtig Frankfurt.

Net des drübbe. Wenn er von da wär, hätte se de Kerl gleich hinterher geworfe beim Hochwasser. Nein, also der Roberto Blanco is tatsächlich in Frankfurt aufgewachse, keine drei Straße von uns. Ich glaub, den habe die Amis dagelasse. Vielleicht als Straf für de Hitler. Also, jetzt mal nur als Spaß.

Jedenfalls, wir habe gespendet für die Ostdeutschen, dass des alles wieder aufgebaut wird, dass die da bleibe könne, wo se sind. Hauptsach, es passiert net öfter, des wär mir zu teuer.

Obwohl, wenn man's genau nimmt, wo wir grad bei de Politik sin: Ich bin ja en alte SPD-ler. Ich war ja froh, dass wir's hatte, des Hochwasser, also jetzt mal von de Politik her. Es Hochwasser un de Saddam, des hat doch de CDU es Genick gebroche. Da hatte se net mit gerechnet, die Schwarze. De Schröder in Gummistiefel, des war die Rettung. Gut, die Ostdeutsche habe des ausbade müsse praktisch, aber für uns war's gut. Aber des klappt net immer. Alle vier Jahr Hochwasser, un die Amis mache so weiter, des wird net reiche für die SPD.

Arbeiter wie August haben hart gearbeitet, und eines ihrer Lebensziele hieß: »Unsere Kinder sollen es mal besser haben als wir.« Auch dafür haben sie SPD gewählt, und der Erfolg war, dass viele ihrer Kinder studierten, Akademiker wurden und damit der Arbeiter-Partei verloren gingen. Ein Schichtwechsel sozusagen. Die Kinder waren grün hinter den Ohren, als sie die Mutterpartei verließen. August bleibt zurück und bemerkt am Ende eines langen Arbeitslebens, dass etwas unwiderruflich zu Ende geht, dass die Kinder nicht mehr verstehen, worauf er stolz zurückblickt, und dass für die Enkel sein Beruf schon ausgestorben ist.

Ein Händedruck und zwei Urkunden

Ich hab ja jetzt kürzlich diese schöne Feier gehabt bei uns im Ortsverein. Also ich muss sage, das war sehr schön gemacht vom Vorstand. Es gab die Urkunde für 40 Jahre SPD-Mitgliedschaft. Das war bei uns in der Wirtschaft, wo wir im Hinterzimmer immer die zwei Tische habe, der Ortsverein.

Das war sehr schön gemacht, die Tische warn extra gedeckt, auch e paar rote Nelke drauf, und ich war ein eigener Tagesordnungspunkt. Wir haben kurz gesunge: »Brüder, zur Sonne, zur Freiheit«, und dann hat mir der Ortsvorsitzende die Hand gebe und die Ehrenurkunde mit Originalunterschrift vom Ding, vom Schröder.

De Muddi hat es auch gefalle, also mei Frau war ja dabei, die is ja selber net in de SPD, aber damit se dabei sei kann, habe se extra für sie eine Einladung geschickt. War schön.

Wir sind dann zusamme heim. Und auf em Heimweg hab ich gesagt: »Weißt du was, Muddi, wir mache deheim eine Flasche auf, nur wir zwei.« Un des habe wir auch gemacht. Wir habe uns aufs Sofa gesetzt un auf die SPD angestoße. Dann hab ich die Urkunde in die Vitrine gestellt, also net direkt Vitrine, aber wir habe im Wohnzimmer so en Schrank, da is des Oberteil mit

Glas. Da hab ich se so hingestellt, dass man se auch sehn kann, wenn vielleicht mal Besuch käm.

Es ist übrigens schon meine zweite Urkunde. Letztes Jahr hab ich auch schon eine bekomme fürs Silberne, also für 25 Jahr bei de Firma. Betriebszugehörigkeit heißt des offiziell. Da kam de Chef persönlich und hat mir die Hand gebe. In de Arbeitszeit sogar, er hat noch net mal uf die Paus gewart. Dann hat er die Kollege gerufe und hat kurz gesproche. Dadefür, dass ich seit 25 Jahren als Drucker bei ihm schaff. Er hat noch e Flasch Rotwein dabeigehabt, und dann hat er gesproche, das war sehr schön. Er hatt sich extra was ausgedacht. Er hat gesagt: »Ich habe zu Ihrem Ehrentag für Sie aus meinem Weinkeller einen Rotwein ausgewählt, weil Sie doch immer ein Roter waren.«

Ein Roter, das hat er tatsächlich gesagt. Das hat er sich gemerkt. Is aber auch kein Wunder, ich war ja en scharfe Hund früher, verstehst de. Kannste der vorstelle, als Sozialdemokrat un dann noch Drucker. Drucker is ja net irgendein Beruf wie Gemüs verkaufe oder so was. Drucker is praktisch wie Politik. Die Drucker un die Setzer, wir warn früher eine eigene Gewerkschaft. Das war die, wie hieß sie gleich … IG Druck und Papier. Das war die Abteilung Attacke beim DGB.

Wir un die Metaller un die Kollege Müllwerker von de ÖTV, des warn die Bataillone, wenn's ums Ganze ging bei Streik un um die Prozente.

Und ich war immer mittendrin. Wenn bei uns zum Beispiel Betriebsversammlung war, da war ich immer dabei. Ich hab immer in de letzte Reihe gesesse und »Ausbeuter« gerufen. Also, jetzt net so ganz laut, aber man hat's höre könne, de »Ausbeuter«. Des könne Se ruhig glaube, so Wörter habe wir gehabt früher.

Und trotzdem gibt mein Chef mir die Hand. Daran sieht man, dass er im Grund ein anständiger Kerl ist. Des is keiner von dene Dreckskapitaliste un dem Gesindel. Mein Chef nicht. Des hängt auch dademit zusamme, dass der Doktor ist. Also, ich meine, richtig Doktor, keiner mit einer Praxis, sondern im Kopf Doktor, für irgendwas.

Sie glaube gar net, was der aufm Kaste hat. En Arbeitskolleg von mir, der war mal bei ihm. Natürlich net eingelade, der hat was abgebe müsse. Und der hat gesagt, bei mein Chef in dieser Villa da war alles voller Bücher. Die liest der. Und gibt mir trotzdem die Hand. Da siehst de doch, dass de Kampf vom Arbeiter, dass da vieles besser geworde is. De Arbeiter ist nicht mehr de Putzlappe von dene. Der Kampf der Sozialdemokraten war nicht umsonst. Aber die junge Leut merke des gar net mehr. Die winke nur ab, wenn de mit dene über die SPD rede willst. Un warum? Weil sie net wisse, wie es früher war. Die habe doch kei Ahnung, wie's früher zugange is beim Arbeiter. Ich weiß es noch, ich komm aus einer Arbeiterfamilie, mein Vater war Arbeiter und de Opa auch. Un in de SPD, beide. Mein Vater war mit 40 erledigt, kaputt geschafft. Staublung. Wenn der freitags abends in de Wohnstubb uf die Mudder is, da habe wir Kinder in de Küch die Luft angehalte, ob er net de letzte Schnapper macht dabei. So war's früher. Dagege ist doch heut Gold. Da brauche se doch heut net all komme und sage: SPD, des brauche wir net, des bringt nix. Weil sie keine Ahnung habe.

Mein Chef gibt mir die Hand zum Jubiläum. Is des nix? Un net nur die Hand. Den Rotwein un die Urkund! Un er hat mir sogar noch en Umschlag gebe, da warn e paar Hunderter drin. So is er. Das muss er ja gar net. Des steht in keinem Tarifvertrag. Und trotzdem gibt der Mann seinem Arbeiter was zum Fünfundzwanzigste.

Da war ich schon e bissche stolz darauf. Ich weiß noch, wie ich mit dem Geld un de Urkund und dem Rotwein heimgange bin, und hab zur Frau gesagt: »Guck Muddi, des is alles von meinem Chef für 25 Jahr als Drucker ohne ein Tag krank.«

Un dann hab ich zu de Muddi gesagt: »Weißt du was, Muddi? Von dem Geld mache wir zwei noch mal was ganz Besonderes.« Hab ich gesagt! Wollt ich auch. Aber dann wollt sie nach Rügen von dem Geld. Wie ich im Atlas gesehe hab, wo des is, da hab ich gesagt: »Was wolle wir denn bei dene, die habe wir noch lang genug am Hals.« Außerdem war's mir zu weit. Und ich hätte die Ortsversammlung verpasst. Und ich bin doch net 40 Jahr in de SPD, und dann verpass ich die Sitzung vom Ortsverein, und wenn die frage: August, warum warst du net da? Da müsst ich sage, ich war auf Rügen. Des kannste doch net mache. In dene ganze 40 Jahr hab ich noch nicht einmal bei de Sitzung gefehlt. Egal wie's Wetter war, Glatteis, Rege, ich war auch schon mit Fieber in de Versammlung! Ich hab da mein feste Platz, ich kenn alle, obwohl, es werde ja immer weniger. Letzt Jahr sin mehr ausgetrete als gestorbe, des hatte wir noch nie! Aber neben mir sitzt zum Beispiel seit einem Jahr unser Jusobub. Sie werde des net glaube, aber so was gibt's bei uns. Wir habe einen Juso im Ortsverein. Aber ein feiner Kerl. Wenn der mich grüßt, dann sagt er immer: »Guten Tag, Genosse.« Des gefällt mir, der kennt noch Wörter von früher. Den müsse Se mal erlebe, wenn wir Diskussione auf de Tagesordnung habe. So was habe wir ja auch, un wie. Was meine Sie, was bei uns alles diskutiert wird. Des steht ja auch in de Satzung. Einmal im Jahr is des Vorschrift auf de Tagesordnung: Vortrag mit Aussprache. Und da is dann de Jusobub in seinem Element. Letzt Jahr zum Beispiel war de General da, de Müntefering. Da hat de Jusobub immer gerufe: »Genosse Franz, Diskussione!« Un wisse Se, was der junge Kerl diskutiern wollt? Er wollt des eine diskutiern, was wir früher auch oft hatte, der Ding ... ich komm net drauf, doch, jetzt, der Widerspruch von Kapital und Arbeit, des wollt er diskutiern mit dem Münte. Da is mir des eingefalle: Den hatte wir früher ja viel, den ... diesen Widerspruch. Und da hat dann de Müntefering aber gesagt, diesen Widerspruch, den gibt's nicht mehr. Ich weiß auch net, wo er hin ist, aber irgendwie ist er fort. Schad eigentlich. Man hat sich immer was drunter vorstelle könne.

Aber so is des: Es gibt viel Wörter nicht mehr von früher. Wie der Schröder zum Beispiel Kanzler geworde is, des weiß ich noch, da hat er gleich am Anfang gesagt: Linke und Rechte gibt es für ihn nicht mehr. Da habe ich blöd geguckt daheim am Fernseher. Da hab ich zur Muddi gesagt: »Des is keiner von uns, wenn er so en Blödsinn schwätzt. Wenn der keine Rechte mehr kennt, dann schick ich ihm mal e paar Adresse, dann kennt er se wieder.«

Wenn ich ganz ehrlich bin: Ich war damals gege de Schröder, des geb ich zu. Mir wär damals de Ding lieber gewese, de klaane Franzos, de Lafontaine. Der hätt dene Drecksäck da obe als mal de Kapitalist um die Ohrn geschlage un de Ausbeuter. Der kennt auch noch Wörter von früher.

Heut isses anders. Heut weiß ich, dass unser Schröder en andere Typ is. Der is mehr so eine Art Staatsmann, der mit alle schwätze muss. Und wissen Sie, wo ich es gemerkt hab, was de Schröder fürn Kerl is? Wie er vor zwei Jahr die Arbeiter von der Firma Holzmann, wie er die gerettet hat. Da hab ich gesagt: »Muddi, er is doch ein Sozialdemokrat. Er is einer von uns. Er lässt die Arbeiter nicht im Stich.« Des vergess ich dem Schröder nicht, wie er des gemacht hat.

Ich werd nie die Schlagzeile vergesse in unserer Zeitung: »Solidarität lebt! Schröder rettet Tausende von Arbeitsplätzen!« Des warn sechsvierziger Buchstabe, die Solidarität, in rot, Riesedinger warn des. Und wisse Se, warum ich des noch weiß? Das war die letzt Seit, die ich als Drucker in die Rotation gespannt hab: »Solidarität lebt!«

Seitdem bau ich ab. Die alte Druckmaschine bau ich ab, ich bin de Letzte, der die noch kennt, un die neu Druckmaschin, die braucht kein Drucker mehr. Ein Druck uf de Knopp un fertig. Ich weiß auch noch des Bild, des damals vom Schröder uf de erste Seit war. Er uf de Trepp von de Firma Holzmann, drauße, nachts, am Rand konnt man noch die Arbeiter sehe, 4000 Mann, zwei Tag lang im Rege gestande un die Tür zugehalte, damit die Drecksäck net stifte gehe. Und obe uf de Trepp de Schröder mit de Faust hoch. Nein, halt, des stimmt net, die Faust nimmt er ja gar net, er hat ja immer nur zwei Finger hoch. Hinter ihm warn schon die zwei Mann von de Deutsche Bank uf de Trepp. Un nebe ihm stand de Betriebsratsvorsitzende vom Holzmann. Des weiß ich noch genau, weil den kenn ich persönlich. Der wollt noch spreche zu de Belegschaft, aber der konnt gar net mehr. Der war fix un fertig, der hat kein Wort mehr, der hat vor lauter Arbeiterbewegung hat der kein Wort mehr rausgebracht.

Da hat er es allen gezeigt, de Schröder. So war das damals. Is auch schon wieder zwei Jahre her. Des müsst de Schröder öfters mache, dass die da obe wisse, dass se mit uns net alles mache könne. Gut, es hat jetzt auch nix geholfe beim Holzmann, aber man hat des Gefühl gehabt, er hat es wenigstens versucht. Mehr willst de doch gar net als Sozialdemokrat.

Man darf auch net zu viel wolle als Arbeiter. Man muss wisse, wo man her kommt, und dann darf man net meckern. Gucke Se, ich geh bald in Rente, dann hab ich's gepackt. Ich hab noch drei Monat, dann ist Schluss, dann geht's heim zu de Muddi. Keine Schicht mehr, kein Krach un kein Dreck. Ausschlafe, Frühstück un Kaffee, von de eigene Frau gemacht. E bissche Wurst un Käs, mal e Ei gekocht, dadefür reicht's doch. Un wenn mein Frühstück fertig is, dann kommt des Schönste: Dann geh ich raus, hol die Zeitung, setz mei Brill auf un les. Immer erst gucke, wer tot is, dann Sport, Wirtschaft schmeiß ich fort, un zum Schluss kommt mei Liebstes: Des is Politik.

Politik war für mich immer es Wichtigste, ich bin

doch Sozialdemokrat. Aber über die Arbeiter steht nix Gescheites mehr drin in de Zeitung. Nur noch Börse un Aktie un der ganze Rotz. Im Fernseher läuft unne de Dax, un obe is Krieg. Manchmal glaub ich, Arbeiter gibt's bald nicht mehr. Mein Enkel hat Internet, der hat sein eigene Drucker, der sagt zu mir: »Opa, mit so em Drucker, das geht kinderleicht.«

Was willst du dem Bub noch erzähle.

8 Der »Scheibenwischer«

Es war eine besondere Ehre für mich, nach der Neustrukturierung des »Scheibenwischer« zur ersten Sendung des neuen Jahrtausends im Januar 2000 als Gast eingeladen, ich möchte fast etwas überschwänglich sagen: berufen zu werden. Der »Scheibenwischer«! Für einen Homo politicus, als den ich mich gerne sehe, öffnete der Kabaretthimmel damit seine Pforten. Petrus Hildebrandt und sein Adjutant Jonas hießen mich willkommen, wiesen mir meinen Platz im Himmel zu, nach der ersten Probe nickte Petrus wohlwollend, und es konnte losgehen.

Zu dieser Zeit durchpflügte der CDU-Spendenskandal die politische Landschaft. Das Ansehen der CDU sank von Umfrage zu Umfrage, als offenbar wurde, wie Kohls »geistig-moralische Wende« in der Realität aussah. Gute, aber nicht einfache Zeiten fürs politische Kabarett, weil sich manche Satire über Nacht als Vorwegnahme der Realität entpuppte. Im Grunde konnte ich mir für mein Debüt keinen besseren Zeitpunkt wünschen. Dombrowski war eingeladen, eine Satireattacke zu reiten, kurz und bündig, was in der Sprache des Redakteurs hieß: »pointiert in 3 Minuten 30.«

Zum Auftakt ein Spendenskandal

Wie die CDU mit dem Spendenskandal umgeht, schlägt doch dem Fass die Krone ins Gesicht. Warum geht es hier so gesittet zu? Wo bleibt die Stimme des Volkes? In dieser Situation muss doch aggressive Polemik erlaubt sein.

Ist denn nicht jede Stellungnahme der CDU eine Beleidigung des gesunden Menschenverstandes? Wo ist unser Staatsoberhaupt, das ihr verbietet, mündige Bürger derart zu verhöhnen? Wo steckt Bruder Johannes, jetzt, wo wir den Bundespräsidenten mal wirklich brauchen könnten? Was macht Herr Rau? Hat er keine Zeit?

Vielleicht sind ihm die Bibelsprüche ausgegangen. Dem Manne kann geholfen werden. Ich habe sein Lieblingsbuch dabei, die Losungen der Herrnhuter Brüdergemeinde. Hier, 4. Januarwoche 2000, ganz aktuell. 1. Korinther 7, Vers 23: »Ihr seid teuer erkauft. Werdet nicht der Menschen Knechte!« Passt doch. Für irgendwas muss das Christliche im Logo gut sein.

Aber man sollte ihnen eins sagen: Die neue Hauptstadt lässt sich nicht mehr so leicht mit Bibelsprüchen abspeisen wie der rheinische Klüngel. Die Hälfte der Berliner sind Atheisten, und der Rest geht nicht in die Kirche.

Ist doch kein Zufall, dass die Bimbes-Partei gerade jetzt zusammenbricht. Sie verträgt den Umzug nach Preußen nicht. Hier weht ein anderer Wind. Kühle protestantische Zugluft vertragen Leute nicht, die im warmen katholischen Mief aufgewachsen sind. Hier erkennt man sich nicht mehr gegenseitig am Stallgeruch, am Dreck, der an den Stiefeln klebt. Der alte Bonner Saustall ist reif zum Ausmisten, eine neue Futterkrippe noch nicht unter Dach und Fach, da holt man sich leicht den Schnupfen. Vielleicht braucht man auch gar nicht auszumisten. Einfach verrotten lassen.

In den Glanzzeiten Preußens hätte der Alte Fritz als Staatsoberhaupt die ganze Sippschaft antreten lassen und ihr einen Tag Zeit gegeben, die Ehre des Staates wiederherzustellen, dem sie zu dienen ja feierlich geschworen haben.

Ein echter Prinz Wittgenstein hätte übrigens keine Aufforderung gebraucht. Der hätte seine Lieblingsflinte aus dem Schrank geholt und sich mit einem Jagdunfall eliminiert.

Aber nur ein paar Greise auf dem Altar opfern, reicht hoffentlich nicht mehr. Das Volk will frisches Blut sehen, sozusagen!

Und für die Zukunft sollten wir auf den alten Bismarck hören: »Zum ordentlichen Funktionieren des Staates muss man turnusmäßig einige Minister und ein Dutzend Räte füsilieren und alle Beamten über 50 wegjagen.« Betrachten Sie das Letztgenannte als Rohfassung eines Gesetzentwurfs.

Der Spendenskandal der CDU zog sich durchs ganze Jahr 2000, und die Verachtung des Wahlvolkes dehnte sich auf das Parteiensystem insgesamt aus. Die Union tat in dieser Situation das, was das Bürgertum immer schon getan hat, wenn ihm das Wasser bis zum Hals stand: nationale Phrasen dreschen und sich vollmundig als Gralshüter der deutschen oder am besten gleich der abendländischen Werte aufspielen. Dazu wurden Feiertage missbraucht wie der Tag der Einheit, und, noch peinlicher, die deutsche Leitkultur wurde beschworen. Dabei handelt es sich um eine Art Virus, von dem die Union immer wieder befallen wird, wenn der christliche Parteikörper ohnehin schwächelt, ähnlich einem Schnupfen. Auch beim Leitkulturschnupfen ist Behandlung sinnlos, gibt einem aber das Gefühl, etwas getan zu haben, was der Körper braucht. Er klingt von alleine nach ein paar Wochen ab und kommt alle Jahre wieder.

Und ich? Ich lasse mich jedes Mal vom Leitkulturerreger anstecken und behandle ihn, obwohl ich weiß, dass es sinnlos ist.

Die Union sucht wieder mal die Leitkultur

Es ist Advent, Gelegenheit für einen Augenblick der Selbstbesinnung. Ich möchte ein kurzes Plädoyer für eine deutsche Leitkultur halten. Die Heimatliebe sollte man nicht denen überlassen, die deutsch mit »t« schreiben.

Es sind viele Fragen zu beantworten. Wer repräsentiert und wer bedroht die Leitkultur?

Irgenwo in der Pfalz wurde dieses Jahr ein Schwarzafrikaner zur Weinkönigin gewählt, und Beckenbauer könnte laut Infas Bundespräsident werden. Was will uns das sagen?

Dagegen Goethe – Fleisch gewordene deutsche Leitkultur quasi –, Goethe hat regelmäßig das Vaterland verleugnet. Vor 200 Jahren wäre Frau Merkel keine Geheimrätin geworden.

Nächste Frage: Welche Leitsätze sind als Prüfung geeignet?

Die Präambel des Grundgesetzes zum Beispiel wäre gut – kriegen wir aber nicht durch.

Mein Favorit für Prüfungsfragen ist Kant. Immanuel Kant. Hat viel über Moral und das Wesen der Dinge nachgedacht. Ohne seine Stadt zu verlassen! Wenn manche Politiker ihre Stadt auch nicht mehr verlassen und zu Hause über Moral nachdenken würden, bliebe uns viel Ärger erspart.

Ich schlage drei Sätze von Kant vor:

1. Aufklärung ist der Ausgang des Menschen aus seiner selbstverschuldeten Unmündigkeit.
2. Unmündigkeit ist das Unvermögen, sich seines Verstandes ohne Leitung durch andere zu bedienen.
3. Habe den Mut, dich deines eigenen Verstandes zu bedienen.

Mir gefällt das: die geistige Toleranz von Friedrich dem Großen und am Schluss eine kurze Anweisung.

Hat aber einen Haken: Kant erhielt kurz nach Verfassen dieser Sätze Redeverbot, weil Preußen eine christliche Leitkultur einführte. Und zwar verbindlich für alle.

Fazit: Die besten Köpfe nutzen nichts, wenn die Repräsentanten des Staates nichts taugen.

Hegel – der wäre auch was für die Leitkultur –, Hegel forderte, dass der Staat und seine Repräsentanten die Verwirklichung einer sittlichen Idee sein sollen.

Da sieht es bei uns düster aus, hüben wie drüben. Honecker und Egon Krenz als sittliche Idee des Sozialismus? Die sittliche Idee von Helmut Kohl?

Und zwischen Kohl und Schröder, da liegt zwar ein ästhetischer Quantensprung, aber die sittliche Idee von Gerhard Schröder hat seine Werbeagentur auch noch nicht gefunden.

Wenn wir Hegels Forderung und Kants kategorischen Imperativ heute auf die selbsternannten Protagonisten deutscher Leitkultur anwenden, werden eine Menge Stellen frei.

Aber lassen wir es gut sein. Weihnachten steht vor der Tür. Eine gute Gelegenheit, deutsche Kultur zu praktizieren.

Friedrich Merz hat ja in einem Interview erzählt, wie er zu Hause Weihnachten feiert: Hausmusik unterm Sauerländer Weihnachtsbaum. Also: ihm nach! Geben Sie es Ihrer Familie ordentlich mit der Blockflöte. Ab Heiligabend 18 Uhr erreicht die Zahl der Misshandlungen in deutschen Familien ihr Ganz-Jahres-Hoch. Ihr türkischer Nachbar wird sich wie zu Hause fühlen.

Frohes Fest!

Tag der Deutschen Einheit

Ich appelliere dafür, beim nationalen Oktoberfest Klartext zu reden. Das Volksempfinden wird an diesem Tag mies sein, und damit liegt es ausnahmsweise richtig. Wir sollten zugeben, dass die deutsche Vereinigung ein Fehler war.

Der freudige Glanz in den Augen der ehemaligen Brüder und Schwestern beispielsweise war schon kurz nach dem ersten Hundertmarkschein erloschen.

Übrigens eine sehr unsensible Geste, den Verwandten zur Begrüßung Geld schenken.

Gott sei Dank gibt es Fernsehdokumente, die belegen, dass die Ostdeutschen es nicht anders gewollt haben.

Die Drohung: Wenn die D-Mark nicht zu uns kommt, kommen wir zu euch, das hat bei uns gewirkt.

Aber nächstes Jahr kriegen sie die D-Mark schon wieder abgenommen, und nun fühlen sie sich betrogen.

Eurozone hätten sie auch als UNO-Protektorat werden können. Aber uns hat man auch betrogen. Als Kohl uns erzählte: »Die Vereinigung zahlen wir aus der Portokasse«, da wussten wir noch nicht, welche Vorstellung von Portokasse die CDU hat.

Ich habe damals schon gesagt: Wir hätten sie weiter busweise kaufen sollen und Ostern und Weihnachten einen Sonderzug, da hätten wir den Überblick nicht verloren, und teurer wäre es uns auch nicht gekommen.

Man muss nicht jede Vereinigung mitmachen, bloß weil die politische Großwetterlage es grade erlaubt.

Historisch betrachtet haben wir keine guten Erfahrungen mit deutschen Vereinigungen.

Das erste deutsche Reich war eine schwindsüchtige Inkassofiliale des Vatikans, und das zweite Reich stand auch unter keinem guten Stern: Kaiser Willem kriegte kurz vor der Krönung einen Weinkrampf, weil er ahnte, dass es nix wird. Ist übrigens auch kein gutes Zeichen, wenn man die deutsche Einheit in einem Pariser Schloss feiert.

Bismarck war ja selber nicht wohl bei der Sache. »Mit Deutschland ist es so-so-la-la«, hat er gesagt, »mit Staaten wie Bayern und Österreich ist für lange Zeit keine vernünftige Politik zu machen.« Was für ein Prophet!

Man könnte auch sagen: Das Unheil kam immer aus dem Süden. Hitlers Germanen kamen auch alle aus Bayreuth, und er selbst war ein von seinen Hormonen gedemütigter katholischer Vegetarier aus Österreich. Die Rache für Königgrätz!

Das Volksempfinden eines Bismarck war eben nicht deutsch, es war preußisch. So müsste es wieder werden. Eine radikale Abtrennung. Das ganze nationale Gedudel sollten wir den Deutschtümlern überlassen und ihnen ein Stück Scholle dazugeben. Eine Ostprovinz mit offenem Korridor nach Bayern und Österreich.

Dann tauschen wir die paar überlebenden Ausländer aus dem Osten gegen unsere Rechtsradikalen, und sie können drüben die NBZ ausrufen, die »National Befreite Zone«.

Und falls Roland Koch doch noch mit jüdischen Vermächtnissen erwischt wird, hat er im Osten beste Chancen auf einen echten Wahlsieg. Das Ganze wäre auch keine ethnische Säuberung, sondern politische Flurbereinigung. Genetisch gibt es zwischen einem sächsischen Eierdieb und einem hessischen Ministerpräsidenten keinen Unterschied.

Und wenn dann noch ein paar großdeutsche Nationalisten meckern, können wir endlich wieder sagen: »Geht doch nach drüben, wenn's euch da besser gefällt!«

Um dem Ansehen von Politikern den Rest zu geben, flog 2001 auch noch der Berliner Bankskandal auf, der genau genommen ein Parteienskandal war, weil es für Banken zum Kerngeschäft gehört, die Kunden auszuplündern. Der Skandal war, in welchem Ausmaß die Führung der Berliner SPD-CDU-Regierung darin verstrickt war. Die SPD rettete sich in die Arme der PDS, die aus Dankbarkeit für die Regierungsbeteiligung auf die Aufarbeitung des Skandals verzichtete, die CDU kostete es die Macht und den Steuerzahler einen zweistelligen Milliardenbetrag, an der die nächste Generation noch abzahlen wird, während sich die Nutznießer der Betrugsgeschäfte in den Villenvierteln Berlins den Schampus aufs Boot bringen lassen.

Berliner Bankskandal? – Nein, Regierungsskandal!

Für den Fall, dass Sie meine Meinung als Preuße zu dem Fall hören wollen: Bei solchen Zuständen könnte man zum Monarchisten werden.

Von einem untadeligen König träumen, der ab und zu aufräumt.

So was wie der spanische König.

Erinnern Sie sich an seinen großen Auftritt damals?

Im spanischen Parlament bedroht ein Obrist die Abgeordneten mit gezogener Waffe. Juan Carlos eilt herbei, stellt sich vor den Mann und sagt: »Ich bin der König. Geben Sie mir Ihre Pistole!« Ende der Revolte. Das war großartig. Ein König rettet die Demokratie!

Mit einer großen symbolischen Geste.

So was brauchen wir auch in Berlin: ein paar große Gesten.

Früher hat man feierlich Sündenböcke geschlachtet mit anschließendem Freibier. Die Katholiken haben beim sonntäglichen Ketzerverbrennen gerne einen Tierkadaver druntergelegt, damit das Volk wusste, wie der Teufel riecht.

Das schreckte ab und hatte Unterhaltungswert.

So was braucht es wieder.

Feierliche Amtsenthebung allein reicht nicht. Die abschreckende Wirkung von Frühpensionierungen ist minimal. Öffentliche Demütigungen sollten es schon sein. Amerikanische Richter haben die öffentliche Bloßstellung gerade wieder in den Strafkatalog aufgenommen.

Nicht, dass bei unseren Kandidaten pädagogisch noch viel zu machen wäre. Fehlendes Unrechts- und Verantwortungsbewusstsein ist ja Bedingung für ein kommunales Amt.

Aber wenn das Volk schon die Zeche zahlt, sollte es dafür auch was geboten kriegen.

Wir greifen uns ein paar Musterexemplare wie Landowsky, Riebschläger, Diepgen und Momper und geben ihnen kein Ruhegeld, sondern zum Beispiel eine Stelle als Museumswärter.

Arbeitsplatz: Neue Nationalgalerie. Die zeigt gerade eine Ausstellung: »Kirchner – Der Untergang Preußens und der Potsdamer Platz.« Da hängt auch das berühmte Berliner Bild von George Grosz »Die Stützen der Gesellschaft«. Davor postieren wir unsere Viererbande und lassen sie das Bild erklären.

Unterhaltungswert und steigende Besucherzahlen garantiert! Und es hat einen Hauch von Demütigung. Am Ausgang steht dann Landowsky mit dem Hut und sagt zu jedem Besucher: »Willst de ma ne Mark?«

Na ja, das Geld ist jedenfalls weg. Der Alte Fritz war da flexibel! Als Preußen pleite war, hat er mit seinem Bankier gefälschte Goldstücke mit seinem Kopf drauf in Umlauf gebracht.

Bringen Se heute mal nen falschen Fuffziger mit dem Kopf von Landowsky unter die Leute.

Genau betrachtet ist das Berliner Problem viel älter als Landowsky und Momper. Vor über 90 Jahren schrieb ein Berliner Schriftsteller: »Ich träume von meiner Hauptstadt, nicht mehr regiert von Parteileuten und Verwaltungsbeamten, sondern von Menschen mit der großen Leidenschaft zur Tat und Sachlichkeit.«

Ein preußischer Traum. Leider war unser Aufwachen nach preußischen Träumen seit Friedrich dem Großen zunehmend unangenehm.

Aber träumen wir trotzdem. Wenigstens bis zur Senatswahl.

Mir träumte die Tage, ich wollte auch ins Abgeordnetenhaus. Ein bewaffneter Saaldiener hält mich auf mit den Worten: »Erst müssen Sie sich entscheiden: CDU oder SPD?« Ich antworte: »Geben Sie mir Ihre Pistole und holen Sie den König.«

Der König hört mein Flehen, von Schloss Bellevue kommt eine Staatskarosse vorgefahren, und heraus steigt:

Johannes Rau mit einem ökumenischen Gesangbuch.

Um mit ihrem geringen Ansehen nicht alleine zu sein, versuchte die Union nach dem Regierungswechsel, die SPD auf ihr Niveau runterzuziehen. Sie etablierte einen Untersuchungsausschuss, der klären sollte, ob die SPD vor der Wahl 2001 die Wähler belogen hat! Die Frage ist auch ohne Ausschuss leicht zu beantworten. Die SPD und alle übrigen Parteien belügen vor jeder Wahl grundsätzlich den Wähler.

Die Lüge im Wahlkampf

Dieser Bundestagsausschuss zur so genannten Steuerlüge von Schröder-Eichel ist pure Zeitverschwendung, könnte man im ersten Augenblick meinen, aber das ist zu milde. Er ist Ausdruck von Heuchelei.

Eine Lüge setzt doch voraus, dass man jemandem glaubt. Welcher halbwegs aufgeklärte Mensch glaubt denn, von Schröder, Stoiber und Konsorten die Wahrheit zu erfahren? Wer das glaubt, dem müsste man doch die Geschäftsfähigkeit entziehen!

Nach den Rededuellen der Kanzlerkandidaten Stoiber und Schröder wurden ausführlich Krawatten-Designer und Pantomimen nach ihren Eindrücken gefragt. Wo war denn da das Interesse an der Wahrheit? Fehlanzeige. Die Meinungsforscher haben ganz vorsichtig gefragt: »Wer von beiden wirkte glaubwürdiger?«

Hätten sie die Frage gestellt: »Wer von beiden war

glaubwürdig?«, wäre die Antwort gewesen: »Keiner«. Aber für die Frage fehlte den öffentlich-rechtlichen Anstalten die Zivilcourage. Schade eigentlich, hätte ein erhellender Moment im Wahlkampf sein können. Wer heute von bösem Erwachen nach der Wahl redet, muss vorher ziemlich fest geschlafen haben.

Die Wahrheit will niemand sagen und niemand hören. Das ist die Realität.

Kohl hat seinerzeit mit faustdicken Lügen die Einheitswahl gewonnen, und Lafontaine hat sie mit präziser Vorausberechnung der Kosten verloren! Der eine hält sich heute noch für einen ehrenwerten Mann und der andere ist auch nicht mehr ganz richtig im Kopf.

Das Wahlvolk will belogen werden. Aber einen gewissen Qualitätsanspruch wird man doch haben dürfen.

Sehen Sie, jeder Zuschauer weiß, dass Zauberer nur eine Illusion präsentieren. Kein noch so großer Zampano kann wirklich was aus dem Hut zaubern und Wasser in Wein verwandeln. Das kann nur der Papst. Aber wenn beim Zaubern dauernd die Karten aus dem Ärmel fallen, dann wollen die Leute ihr Geld zurück.

Schröder oder sonst ein Polit-Zampano kann seine Milchmädchenrechnung auf Dauer nur mit einer großen Illusion präsentieren. Und die fehlt.

Die Nummer mit dem Nationalstolz ist verbraucht.

Früher musste Adenauer nur rufen: »Die Russen kommen!« Schon diente jede Lüge einem höheren Zweck. Mit den Russen können Sie keinen Hund mehr hinterm Ofen vorlocken. Vielleicht müssen jetzt die Türken dran glauben. Aber das ist selbst fürs gemeine Wahlvolk eine abgedroschene Nummer. Hoffe ich jedenfalls. Bei Leuten vom Schlage eines Roland Koch muss man aber auf alles gefasst sein.

Genau genommen fordern wir nicht Wahrheit, sondern Wahrhaftigkeit! Den Unterschied kann das ach so gemeine Wahlvolk zwar nicht definieren, aber spüren.

Wir könnten mit der Einführung von etwas Wahrhaftigkeit in der Politik demnächst schon beginnen. Wie wäre es mit einer kleinen Änderung der Bundestagsgeschäftsordnung? Ab sofort nennt jeder Redner im Bundestag zu Beginn seiner Wortmeldung nicht nur seinen Namen, sondern auch seine Nebentätigkeiten und Beraterverträge. Die Auflistung geht von der Redezeit ab. Wenn noch was übrig ist, darf er reden. Das würde uns helfen, den tieferen Sinn der Rede besser zu verstehen.

Man gebe uns etwas Wahrhaftigkeit, und wir gehen wieder zurück ins Hamsterrad.

Vor Wahlen suchen manche Politiker verzweifelt irgendein Thema, das ihnen zu einem Fernsehauftritt verhilft. Das geistige Niveau dieser Leute würde für das Amt des Generalsekretärs irgendeiner Partei genügen, einen mittelständischen Betrieb würde es in die Insolvenz treiben.

Die nationale Benzin-Konferenz

Falls Sie es noch nicht wissen, wir brauchen dringend eine nationale Benzin-Konferenz.

Nicht zu verwechseln mit der internationalen Auto-Konferenz. Die war Montag. Da hat Herr Pischetsrieder von VW Gerhard Schröder ins Kanzleramt kommen lassen, damit wir in Deutschland keine Dieselrußfilter kriegen. Über 10 000 Tote pro Jahr durch Dieselruß gegen 100 000 unsichere Arbeitsplätze in der Autoindustrie.

Eine übersichtliche Entscheidung, aber wozu eine Benzin-Konferenz?

Die hat nur einen Zweck: Dass wir von der Existenz der Herren Böhr und Brüderle erfahren. Die machen mit dem Thema nämlich Europawahlkampf. Beide Parteivorsitzende, beide in Rheinland-Pfalz aktiv. Der Geisteszustand von Helmut Kohl muss ansteckend sein.

Ich fürchte, solcher Schwachsinn zieht sich hin bis zur Bundestagswahl. Mit der *Bildzeitung* im Schlepptau. Tenor: »Mit Rot-Grün gehen wir bald zu Fuß.«

Dabei ist der Benzinpreis nur ein Paradebeispiel für das Funktionieren der globalen Marktwirtschaft. Auch Ackermann und vodafone gehören zum freien Spiel der Kräfte. Aber wir suchen bei so was immer Sündenböcke.

Wie wäre es mit den Chinesen?

Wieso bleiben eigentlich die nicht auf ihren Fahrrädern sitzen, das sah doch immer nett aus. Wer hat denen denn den Floh mit dem eigenen Auto ins Ohr gesetzt?

Oder die Amerikaner. Die könnten auch mal ein Stück zu Fuß gehen. Jede Stunde, die ein Amerikaner im Durchschnitt pro Tag im Auto sitzt, bringt vier bis fünf Kilo Übergewicht.

Man könnte auch ein paar jüdische Ölspekulanten in New York ausfindig machen, das wird langsam wieder gesellschaftsfähig. Aber da zieht *BILD* nicht mit – ihr letztes Tabu.

Ideal wäre Folgendes: Arabische Fundamentalisten jagen die größte Ölquelle der Saudis in die Luft, und der CIA präsentiert Beweise, dass die Täter in türkischen Gemüseläden deutscher Großstädte rekrutiert wurden.

Da hätte der Volkszorn endlich eine klare Richtung. Dann einmal volltanken und zum Autokorso nach Berlin: »Keine Zuwanderer in Deutschland und keine Türken in die EU!« So werden Wahlen gewonnen. Der Wirbel um Kalifenzwerg Kaplan wäre dagegen ein müdes Kaffeekränzchen.

Weil wir gerade bei Zuwanderern sind: Können Sie sich noch an die Green-Card-Aktion erinnern? 5000 hochbegabte Ausländer wollten wir ins Land holen, um den Wirtschaftsstandort Deutschland zu stärken. Die erste Green Card bekam damals ein junger Inder vom Minister persönlich, vor laufender Kamera.

Nächsten Monat geht er wieder. Er hat als Jahrgangsbester ein Studium an der TU Aachen beendet, zehn Firmen wollten ihn haben, aber seine Aufenthaltsgenehmigung wird nicht verlängert. Das ist die Realität.

Übrigens: Wenn wir endlich den richtigen Sündenbock haben, dann brauchen wir noch eine Lichtgestalt. Die beiden gehören zusammen.

Die Amerikaner haben gerade eine Lichtgestalt beerdigt. Ronald Reagan. Sein Sündenbock war »das Reich des Bösen«. So hat er die Sowjetunion genannt.

Um sie totzurüsten, hat er die größte Militärmaschinerie der Weltgeschichte in Gang gesetzt. Zur Finanzierung hat er die amerikanische Unter- und Mittelschicht ausgeplündert. Er hat dem maroden Sozialsystem den Rest gegeben und die Armut in den USA gesellschaftsfähig gemacht. Gestern wurde er als großer Patriot begraben.

So was fehlt uns noch.

Die internationale Politik wurde durch das Selbstmordattentat auf die Twin Towers im September 2001 radikal verändert. Man muss kein Anhänger einer Verschwörungstheorie sein, um zu konstatieren, dass die USA in erstaunlicher Schnelligkeit dieses Attentat benutzt haben, um einen Überwachungsstaat zu etablieren und nach Ausrufen des permanenten Kriegszustandes Kriegsziele anzugreifen, die bereits seit Mitte der 90er Jahre auf der Speisekarte des ölhungrigen Landes standen, oder, um es in der Sprache der Amerikaner zu sagen, die zur Achse des Bösen gehören.

Entsprechend wurde von Bush zum Kreuzzug gegen das Böse aufgerufen. Wer einem solchen Ruf nicht folgt, ist ein Ungläubiger und wird ausgestoßen. Kanzler Schröder erklärte in einem Moment der Betroffenheit – was bedeutet, dass die vernunftgeleitete Handlungssteuerung ausgeschaltet ist – die »bedingungslose« Gefolgschaft mit den USA und war bereit zur ersten Etappe des Kreuzzugs.

Es ist fast schon beneidenswert, mit welch haarsträubenden Vereinfachungen und Klischees wie Gut-Böse, Gott-Teufel, Sheriff-Viehdieb die Masse der Amerikaner fernab der Realität manipuliert werden kann. Wobei nicht unerwähnt bleiben sollte, dass *BILD* damals in der Rauchfahne des brennenden Nordturms das Gesicht des Leibhaftigen Osama erkannt haben wollte.

Für den »Scheibenwischer« habe ich nach dem 11. September dazu eine Polemik verfasst.

Auf zum Kreuzzug!

Ich möchte mir eine kurze Anmerkung zum Kampf gegen das Böse erlauben. Dieser Bin Laden sieht zwar so aus, wie sich der *BILD*-Leser das Böse vorstellt, aber der Teufel kommt selten unkostümiert. Er treibt gern Schabernack. Vielleicht lebt er schon seit Jahren als Einfaltspinsel unter uns und studiert in Gestalt von Laurenz Meyer Deutsch als erste Fremdsprache.

Aber mal ernsthaft: Wir brauchen jetzt also einen Kreuzzug gegen das Böse. Kreuzzug ist erst mal gut, da kennen wir uns aus, das ist eine Spezialität des Abendlandes. Der Kreuzzug hieß übrigens lange Zeit Kreuzfahrt, der Begriff ist aber negativ besetzt mit dem ZDF-Traumschiff, also nehmen wir besser Kreuzzug.

Wohin geht's?

Gen Morgenland natürlich, aber wo geht's lang, wenn wir erst mal drin sind? Und was schreiben wir auf die Fahne? Auf jeden Fall muss Gott dabei sein. Ohne den läuft nix. Hüben wie drüben. »Deus Io vult« – »Gott will es so haben«, das war damals schon der Schlachtruf auf der Kreuzzugsfahne. Also haben wir schon mal einen Gott und ne Fahne.

Wie geht es dann weiter?

Vielleicht so: Tausende von arbeitslosen, fanatisierten

Jugendlichen treten an zum Kampf. Der ranghöchste Priester verspricht Vergebung aller Taten inklusive Einlass ins Himmelreich direkt nach dem Ableben. Sie erobern Jerusalem und feiern tagelang mit einem großen Blutbad unter den Arabern und Juden. Das war die christliche Volksfront zur Befreiung Palästinas vor 1000 Jahren.

Aber worum ging's bei den Kreuzzügen?

Hatten die Araber illegale Raubkopien von heiligen Knochen und Vorhäuten in Umlauf gebracht? Stand das Heilige Römische Reich Deutscher Nation mal wieder vorm Konkurs und brauchte fresh money? Um Gott ging es jedenfalls nicht. Und um Freiheit und Menschenrechte auch nicht. Das haben die Franzosen 700 Jahre später erfunden. Genauer gesagt die Amerikaner. Die Französische Revolution hat bei der amerikanischen Menschenrechtserklärung abgeschrieben. Aber das nur am Rande, sonst kommen wir mit Gut und Böse durcheinander.

Auf jeden Fall wird es ne Weile dauern. Wir brauchten damals auch vier Kreuzzüge, um den Nahen Osten zu ruinieren. Mindestens drei davon zielten auf die systematische Plünderung der bärtigen Ungeheuer.

Wie wäre es damit: Wir plündern das organisierte Verbrechen! Ein Kreuzzug gegen das internationale Bankgeheimnis! Wir zerstören das internationale Netzwerk und hindern es, durch Spekulation mit den selbst verübten Morden an der Börse Millionen zu verdienen. Die bedingungslose Solidarität der Bankkonzerne und zivilisierten Staaten Liechtenstein, Luxemburg, Schweiz wäre uns gewiss. Wenn nicht, dann schicken wir amerikanische Flugzeugträger vor die Goldküste des Zürich-Sees, Bundeswehrsonderkommandos ergreifen Mittelsmänner an der Frankfurter Börse, und New Yorker Feuerwehrleute machen zwei Stunden Pause beim Aufräumen und rächen nebenan in der Wall Street ihre toten Kameraden!

Finden Sie das polemisch? Dann haben wir uns verstanden.

Zu unser aller Glück suchte die SPD im Vorfeld des Irakkrieges ein für die Mobilisierung der Basis taugliches Wahlkampfthema, und Schröder erklärte sein kompromissloses Nein zu einer deutschen Kriegsbeteiligung. Eines der ganz seltenen Beispiele für die segensreiche Wirkung eines Wahlkampfs.

Der immer hitziger werdenden Kriegsdebatte fiel dann noch Justizministerin Däubler-Gmelin zum Opfer, die inhaltlich durchaus nachvollziehbar, aber sprachlich ungeschickt Hitler und Bush in einem Satz erwähnte.

Eine besondere Stärke der Amerikaner, die allerdings erst durch ihre militärische Kraft bedeutsam wird, ist der Glaube, stets auf der Seite des Guten zu stehen, eine Mission zu haben. Wir Deutschen, oder besser: wir Europäer tun uns da schwerer. Wir wissen eher, was wir nicht wollen, und weniger, was wir wollen. Da sind die Amerikaner uns voraus, leider in die falsche Richtung. Kurz vor dem Angriff gegen den Irak Anfang 2003 geriet ich darüber im »Scheibenwischer« ins Grübeln.

Wir brauchen Visionen

Warum diskutieren wir bei uns mit einer solchen Hingabe Differenzen und Eifersüchteleien zwischen Bundesländern und verlieren den Blick für das Große Ganze? Weil das geistige Format unserer Politiker besser zu Lippe-Detmold und Hessen-Nassau passt? Ich sag Ihnen, warum. Weil wir verzagt sind. Wir haben keine Visionen mehr. Wir brauchen aber welche. Innen- und außenpolitisch.

Helmut Schmidt hat damals als Kanzler gesagt: »Wer bei uns Visionen hat, sollte damit zum Arzt gehen.« Typisch desillusionierte Flakhelfergeneration. Aber so einfach ist das nicht. Visionen sind doch nicht überflüssig, bloß weil man aus ihnen keine Saalwette machen kann.

Die USA platzen fast vor Visionen und wirken nicht sonderlich schwächlich dabei.

Die Amerikaner glauben sogar an die Vorsehung! Das ist nicht von Herta Däubler-Gmelin, das hat George Washington dem amerikanischen Volk ins Stammbuch geschrieben! »Die Handlungen der USA scheinen herausgehoben zu sein durch ein Zeichen der Vorsehung.« Der Vorsehung!!! O-Ton George Washington.

Gut, George Washington konnte sich nicht vorstellen, dass Figuren wie Bush und Rumsfeld eines Tages an die Regierung kommen, aber bei uns hat die Vorsehung ja auch nicht gerade den besten Eindruck hinterlassen.

Aber Bush und die Leute hinter ihm glauben das mit der Vorsehung. Da sind christliche Fundamentalisten am Werk! Und sie haben neue Freunde, wie man lesen kann. Hier eine Kostprobe: »Zur Reihe der Staaten, die dazu bestimmt sind, im Urinal der Geschichte zu verschwinden, gehören die Europäische Union und die 5. Französische Republik. Die Frage ist nur, wie viel Dreck sie bei ihrer Auflösung machen werden.«

Der Satz ist aus *Jüdische Weltrundschau,* New York, vom Mai 2002. Die Fundamentalisten kommen aus allen Ecken.

Aber ohne uns! Selbst der Papst ist ja mittlerweile zur Vernunft gekommen. Und genau da müssen wir hin. Zur Vernunft. Hier, nächstes Zitat, Sie sehen, ich habe mich vorbereitet: »Wenn die moralisch verwerfliche Arroganz so genannter zivilisierter Völker eine international gültige Rechtsordnung verhindert, dann wird der öffentliche Gebrauch der Vernunft eine Gegengewalt bilden! … Wenn eine weltbürgerliche Ordnung noch nicht existiert, dann kann eine kritische Weltöffentlichkeit bewirken, dass Rechtsverletzungen an einem Platz der Erde an allen Plätzen der Erde gefühlt werden!!«

Was für eine Vision!

Gefällt es Ihnen? Das ist nicht aus der Vereinssatzung von attac, auch nicht aus der Charta der Vereinten Nationen.

Das ist über 200 Jahre alt. So alt wie George Washingtons Vorsehung.

Immanuel Kant. Traktat *Zum ewigen Frieden.* Das hieß übrigens nicht so, weil er dran geglaubt hat. »Zum ewigen Frieden« war Kants Stammkneipe, gegenüber vom Friedhof. Königsberger Humor. Womit wir wieder in Preußen wären. Öffentlicher Gebrauch der Vernunft! Das alte Europa lässt grüßen!!

Die Kriegsverweigerung von Kanzler Schröder war vielleicht ein Versehen. Niemand wird ihm außenpolitische Weitsicht unterstellen wollen. Aber im Kern vernünftig! Und der Wähler auch!

Und kommen Sie mir jetzt nicht mit Roland Koch. Dass der eine absolute Mehrheit gekriegt hat, ist kein Gegenbeweis. Wenn die Leute Angst haben, dass ihnen beim All-inclusive-Urlaub in der Karibik das Frühstücksbuffet gestrichen wird, da macht man sich schon mal in der Wahlkabine die Finger dreckig.

Erst kommt das Essen, dann die Moral! Ist ja auch irgendwie vernünftig.

Obwohl: So laut kann mein Magen gar nicht knurren, dass ich den Koch wählen würde. Und das ist doch auch nicht irrational ... oder bin ich jetzt ganz durcheinander?

Vielleicht sollte ich am Ende dieses Kapitels noch einmal kurz den patriotischen Schnupfen erwähnen, der die Union immer wieder befällt. 2004 war es wieder so weit. In einer inhaltsleeren und von keiner historischen Kenntnis getrübten Bundestagsdebatte nannte Oppositionsführerin Merkel Kanzler Schröder einen »vaterlandslosen Menschen«, weil er einen von der Union gerade dringend gesuchten Nationalfeiertag auf den jeweils ersten Sonntag im Oktober legen wollte, damit kein Werktag ausfällt.

Ich wurde wie üblich angesteckt und machte einen eigenen Vorschlag.

Wenn Nationalfeiertag, dann der 9. November

Kleine Preisfrage: Wer hat auf die Frage: »Lieben Sie Ihr Vaterland?«, die Antwort gegeben: »Ich liebe meine Frau.«? Bundespräsident Gustav Heinemann. Ein sozialdemokratischer Bürgerpräsident. Oder um es in den Worten von Frau Merkel zu sagen: ein vaterlandsloser Geselle. So hat sie den Kanzler genannt. Ein Begriff ganz tief aus der Mottenkiste. Damit hat schon Adenauer immer das Bürgertum erschreckt, wenn er die SPD als fünfte Kolonne Moskaus aufmarschieren ließ.

Vielleicht sollte man Frau Merkel mal erklären, wer den Satz erfunden hat. Kaiser Willem hat die SPD 1914 als vaterlandslose Gesellen beschimpft, weil sie seinen Weltkrieg nicht mitfinanzieren wollte.

Da hätten die Sozen uns viel Unheil erspart, wenn sie damals wirklich vaterlandslose Gesellen gewesen wären. Aber vor lauter Schreck haben sie damals klein beigegeben. Zur Belohnung hat der Kaiser dann zu Kriegsbeginn gerufen: »Ab heute kenne ich keine Parteien mehr, ab heute kenne ich nur noch Deutsche.« Er konnte sehr großzügig sein, der Kaiser, wenn man kriegsbereit war.

Mit Frau Merkels Vaterlandsliebe würden wir übrigens heute im Irak versumpfen. Obwohl das nicht sicher ist. Mit dem Führungsduo Merkel/Stoiber und dazu General Schönbohm und Innenminister Koch wäre die Bundeswehr gar nicht so weit gekommen, sondern an der Heimatfront im Straßenkampf hängen geblieben.

Schröders Vorschlag mit dem Nationalfeiertag war nicht vaterlandslos, sondern einfach dumm. Wenn diese ganzen selbsternannten Patrioten die Diskussion um den Nationalfeiertag wirklich ernst nehmen würden und nicht nur als Ablenkung von ihrem politischen Versagen, dann könnten wir den 3. Oktober streichen. Die deutsche Geschichte hat ja nicht mit Helmut Kohl begonnen. Aber sie haben alle mehr Angst als Vaterlandsliebe.

Wenn schon ein Nationalfeiertag, dann müssten wir am 9. November feiern. An diesem Gedenktag zeigt Deutschland sein ganzes Gesicht:

9. November 1918: Ausrufen der deutschen Republik, der Kaiser schlägt sich in die Büsche, Ende eines menschenverachtenden Krieges.

9. November 1938: Reichspogromnacht, Juda verrecke, Auftakt zum größten Völkermord der Geschichte.

9. November 1989: Mauerfall und eine demokratische Revolution ohne Blutvergießen.

So müsste man feiern. Ende der Lektion. Wenn schon eine rückwärts gewandte Debatte, dann richtig.

Natürlich ist das nichts für junge Leute. Die leben in der Gegenwart und suchen sich da ihre Vorbilder. Selbst die Junge Union geht eigene Wege. Auf ihrem Deutschlandtag – der heißt wirklich so –, da haben die Hoffnungsträger christdemokratischer Leitkultur ihr neues Idol minutenlang mit stehenden Ovationen gefeiert.

Sie sangen zur Melodie von »Halleluja«: »Ja, wir haben ein Idol, Helmut Kohl!« Minutenlang, immer wieder! Helmut Kohl, Halleluja. Der Vernichter des deutschen Begriffes »Ehrenwort« als Idol. Bravo. So wird eine moderne Leitkultur etabliert.

Dazu noch die Kinder vom patriotischen Urgestein

Franz Josef Strauß: Monika Hohlmeier, die aufrechte Basisdemokratin, und Max Strauß, der depressive Waffenschieber. Da kommt Hoffnung auf für die Zukunft.

Wissen Sie, was das Beste an Angela Merkel ist?

Dass sie entschieden hat, keine Kinder zu kriegen.

Halleluja. Und Frohe Weihnachten.

Ein starker Abgang

Dieter Hildebrandt und Günter Struve, den Programmdirektor der ARD, verbindet eine langjährige, von beiden Seiten gepflegte gegenseitige Abneigung. Anfang 2003 bastelte Struve eine seiner innovativen Programmreformen, die für den »Scheibenwischer« das von Struve schon lange ersehnte Ende bedeutete. Hildebrandts Vorschlag, Ende 2003 auszuscheiden und die Sendung an Jonas, Richling und mich zu übergeben, fand kein Gehör. Der »Scheibenwischer« lief im Mai zum letzten Mal, als Zugeständnis bot die ARD einen großen Abschiedsabend im Oktober an, 90 Minuten zur besten Sendezeit 20 Uhr 15, im Tipi-Zelt neben dem Kanzleramt. Hildebrandt willigte unter drei Bedingungen ein: eine Livesendung ohne Festredner mit Mitwirkenden seiner Wahl. Es sollte ein denkwürdiger Abend werden.

Ich wollte zu Hildebrandts Abschied eine Hommage vortragen, ihm vor großem Auditorium nicht nur meine außerordentliche Wertschätzung, sondern auch meine persönliche Zuneigung zu Füßen legen. Wie immer bei Texten, deren ich mir nicht sicher war, fragte ich ihn um Rat. (Etwas, das ich bis heute gerne tue. Er hat mich vor einigen gravierenden Fehlentscheidungen bewahrt.) Er bat mich, einen anderen Text zu schreiben, er wollte keine Hymnen auf sich hören, lieber sollte ich es am Ende von über 20 Jahren »Scheibenwischer« noch mal politisch krachen lassen.

Heute, mit etwas Abstand, glaube ich, dass der Grund seiner Ablehnung des Textes weniger seiner Bescheidenheit entsprang, sondern dass mein sentimentales Pathos dem Ereignis vorauseilend zu einigen schwülstigen Verbalexzessen geführt hatte. Und Hildebrandt war zu feinfühlig, um es mir direkt zu sagen. Meine Vermutung ist nicht mehr nachprüfbar, weil ich den Text sofort weggeworfen habe.

Der zweite Textentwurf gefiel ihm, besonders der Satz mit den Klofrauen Christiansen und Illner müsse bei den obligaten Textkürzungen unbedingt erhalten bleiben. Er erlaubte mir sogar, im Schlusssatz ihn selbst zu zitieren, womit mein Pathosbedarf gestillt war.

An diesem Abend passte dann so gut wie alles zusammen: das Zelt, die Bühne, die Zuschauer und die Akteure. Großer Bahnhof für einen großen Mann, und über sechs Millionen feierten wehmütig mit.

An diesem besonderen Abend in unmittelbarer Nähe zum Kanzleramt wollte ich den Abschied von Herrn Hildebrandt als Teil einer Zeitenwende darstellen. Aber da ist nichts. Es ist nur ein kontinuierlicher Niedergang der politischen Kultur zu beobachten.

Heiner Geißler hat kürzlich behauptet, uns allen, auch und gerade seiner Partei, fehle Mut und Einsicht zuzugeben, dass Sozialismus und Kapitalismus in gleicher Weise gescheitert sind. Einziger Kommentar der Union: solche Äußerungen seien parteischädigend.

Weit und breit kein Interesse an tief greifenden Analysen. Nur Machtgerangel. »Was Thema ist, entscheiden Glotze und *Bildzeitung*« – Originalton Bundeskanzler Schröder.

Die eigentliche, zukunftsweisende Politik wird von den Interessenverbänden gemacht. Hinter verschlossenen Türen. Da werden die Fäden gezogen, an denen die politischen Hampelmänner hängen, die uns in der Berliner Puppenkiste Demokratie vorspielen.

Diese Politkasperle dürfen auf der Bühne der öffentlich-rechtlichen Bedürfnisanstalten bei den Klofrauen Christiansen und Illner ihre Sprechblasen entleeren, und wenn es nach Verrichten ihrer intellektuellen Notdurft noch nachtröpfelt, dann können sie sich noch bei Beckmann und Kerner an der emotionalen Pissrinne unters Volk mischen!

Finden Sie, dass ich übertreibe? Etwas drastische Wortwahl vielleicht, aber inhaltlich schwer zu widerlegen. Guido Westerwelle ist doch keine Comic-Figur, der Mann lebt! Jeder kennt ihn aus den öffentlichen Bedürfnisanstalten, keiner weiß, wofür er steht. Ist vielleicht auch besser so.

Westerwelle hat dieser Tage damit gedroht, er werde sein politisches Meisterstück abliefern: die Kür des neuen Bundespräsidenten.

Das hält dieser Mann für sein Meisterstück, bloß weil sie für die Endlagerung irgendeines ausrangierten Politikers seinen Segen brauchen. Derweil will die SPD Rita Süssmuth als Kandidatin exhumieren, nur um Angela

Merkel eine Gallenkolik zu bescheren. Das ist das Niveau hierzulande!

Übrigens soll es ja nicht nur eine Frau sein, sondern auch noch jemand aus dem Osten. Warum nicht noch alleinerziehend und im Rollstuhl?

»Ein Zeichen setzen« nennen sie das, ein wichtiges Symbol.

Symbol wofür? Dafür, dass diejenigen, die noch weniger zu melden haben als der Durchschnittsbürger, jemanden haben, der es ganz nach oben geschafft hat? Das »Deutschland-sucht-den-Superstar«-Prinzip für das höchste politische Amt?

Der Urnenpöbel wird mit Zeichen und Symbolen abgespeist, um ungestört an anderem Ort die politischen Weichen zu stellen.

Guido Westerwelle ist die Blaupause der kommenden Politgeneration. Und die Wahl 2006 wird vielleicht auf dem Fußballplatz entschieden. Die Meinungsforscher wetten schon darauf: Tante Käthes Abschneiden bei der Fußball-WM kann über den nächsten Kanzler entscheiden. Rudi Völler kann ein Zeichen setzen!

Was er ja ohnehin schon getan hat. Gerade erst. Und was für ein Zeichen. Wissen Sie eigentlich, was er mit seiner emotionalen Entgleisung sagen wollte? Vermutlich nicht, denn die Botschaft interessiert nicht, nur der fernseh-öffentliche Kontrollverlust ist der Event. In jedem Jahresrückblick werden sie garantiert seinen Ausraster endlos wiederholen, aber nur die Kraftausdrücke, nicht die Botschaft.

Wollte Rudi Völler uns was sagen? Ja. Etwas Wichtiges. Er hat für Fußball-Deutschland das Recht auf Mittelmaß eingefordert. Bravo! Mit dieser Botschaft in die Politik mit ihm! Ein Steilpass für Beckenbauer als Präsident – egal, ob FIFA oder BRD. Eine kaiserliche Sprechblase, neben der einer wie Mayer-Vorfelder wie ein Charakterkopf wirkt!

Was wollte ich damit eigentlich sagen? Ach ja, dass überall nur noch Elendsgestalten am Drücker sind. Und mit solchen Figuren lässt uns Herr Hildebrandt nun allein. Ist irgendwo auch nicht richtig. Lassen Sie mich mit einem Satz abschließen, den er einmal Herbert Wehner in den Mund gelegt hat. Eigentlich müsste er diesen Satz heute Abend den hier versammelten Verwaltern der öffentlichen Unterhaltung zum Abschied sagen. Da ich nicht sicher bin, ob er es tut, sage ich diesen Satz für ihn: »Meine Damen und Herren, ich hoffe, Sie verzeihen mir meine Leidenschaft, ich hätte Ihnen die Ihre auch gerne verziehen.«

Ich habe fertig.

Der Satz mit den Klofrauen erwies sich als der richtige kabarettistische Abschiedsgruß. Bei diesem Anlass einen solchen Volltreffer zu landen, bescherte mir einen der Glücksmomente, die als Wegzehrung bleiben. Bis heute werde ich von Zuschauern mit der Frage angesprochen: »Wie ging noch mal der Satz mit der emotionalen Pissrinne bei Hildebrandts Abschied?« Ich habe den Satz später in mein Bühnenprogramm aufgenommen, und es war jeden Abend so, als würde ich den Zuschauern aus der Seele sprechen, und lang gehegter Zorn und Überdruss würden sich Bahn brechen.

Den Höhepunkt und krönenden Abschluss des Abends

setzte aber der Meister selbst. Wie es sich gehört, möchte man sagen, aber Hildebrandt wollte es gar nicht so. Eine unsichtbare Hand führte Regie und zwang ihn zum Ende seiner Fernsehkarriere zu einem Meisterstück satirischer Schlagfertigkeit; leider waren die Kameras schon abgeschaltet.

Der rbb lud nach Ende der Liveübertragung im Tipi-Zelt zu einem Empfang mit kaltem Buffet für einige hundert geladene Gäste. Die Rede der Intendantin vor Eröffnung des Buffets war aber nicht, wie zu erwarten, eine ausladende Lobeshymne auf den Scheidenden, die überdecken sollte, dass man froh war, ihn und die ungeliebte Sendung endlich los zu sein. Zum Erstaunen der Gäste servierte Frau Reim eine kaum verbrämte Abrechnung mit einem unbequemen Kabarettisten, die den Tenor hatte, dass Hildebrandt wohl bald mit einsetzender Altersweisheit selbst merken würde, dass es höchste Zeit war, Schluss zu machen und er mit etwas Abstand dem Sender sicher dankbar wäre, dem Ganzen ein Ende gemacht zu haben.

Die Gäste erstarrten nach und nach, und die Atmosphäre im Zelt näherte sich dem Gefrierpunkt.

Nachdem die Intendantin fertig war und sich kaum eine Hand rührte – nur ein paar ihr direkt unterstellte Mitarbeiter applaudierten zaghaft –, ging Hildebrandt zu ihr auf die Bühne, bedankte sich und erwiderte den Affront mit einer kleinen Rede, für die ich ihm heute noch die Füße küssen könnte – was für einen älteren Herrn mit fortgeschrittener Arthrose etwas heißen will.

Hildebrandt filetierte die arme Frau nicht mit dem verbalen Florett, er war grausamer. Mit leichter Hand trieb er vergiftete Nadeln in ihr kaltes Herz mit einem Gesichtsausdruck, als wolle er artig für die Blumen danken. Ihr blieb nichts anderes übrig, als neben ihm stehend ihrer eigenen Demontage beizuwohnen, die er ganz beiläufig zu einer Generalabrechnung mit dem öffentlich-rechtlichen Unterhaltungsapparat nutzte. Am Ende ging ein Mann ohne Amt mit Würde, und zurück blieb eine Frau mit Amt ohne Würde.

Mehr kann der liebe Gott einem Kabarettisten auf Erden kaum schenken.

9 Das Volk braucht nicht viel

Im Grunde war es eine Form von Plebiszit, das den »Scheibenwischer« 2004 wieder zum Leben erweckte. Die ARD und der rbb hatten ganz andere Pläne, aber die überwältigende Resonanz der Zuschauer auf Hildebrandts Abschiedssendung und nicht zu vergessen das unschlagbare Argument einer ungewöhnlich hohen Einschaltquote halfen beim Umdenken. Trotz Verkürzung und Verlegung auf eine späte Sendezeit blieb eine große Zahl von Zuschauern der Sendung bis heute treu. Das Bedürfnis nach politischer Satire ist groß, der »Scheibenwischer« blieb wichtiger Teil der Bedarfsdeckung.

Innerlich hatte der »Scheibenwischer« aber seine Seele verloren mit dem Abschied von Hildebrandt, und der Sender entfernte auch noch das Knochengerüst: Redakteur und Regisseur wurden abgelöst. Wir Hinterbliebenen – Jonas, Richling und ich – hatten gemeinsam nicht die Kraft für eine völlige Neugestaltung und hielten uns, so gut es ging, an den alten Strukturen der Sendung fest. Der Bayerische Rundfunk kam dazu, half über Startschwierigkeiten und stützte sogar den Erhalt als Livesendung, was ein paar Jahre zuvor noch undenkbar gewesen wäre.

Wir machten also weiter, und es gab viel zu tun. Innenminister Schily begann, den Überwachungsstaat auszubauen, Hartz IV veränderte das Fundament des Sozialstaates, und die rot-grüne Regierung verlor zunehmend das Gefühl für eine Bevölkerung, die zu Opfern bereit ist, aber eine gerechte Verteilung von Opfer und Gabe erwartet.

Der Lauschangriff und das bürgerliche Lager

In den letzten Tagen war ja viel die Rede vom bürgerlichen Lager. Wenig Erfreuliches allerdings.

Aber es gibt einen kleinen Lichtblick. Das Bürgertum fordert ja seit langem den Rückzug des Staates. Und da hat das BVG jetzt ein bisschen nachgeholfen. Der Große Lauschangriff ist in dieser Form verfassungswidrig und muss geändert werden. Schade, dass sie ihn nicht ganz verboten haben. Sie erinnern sich. Der Staat wollte und durfte uns heimlich in unserer Wohnung belauschen. Und jetzt hat ihm das Gericht Ohrenstöpsel verpasst.

Und wissen Sie, was merkwürdig ist? Unsere bürgerlichen Parteien freuen sich gar nicht über dieses Urteil. Weder die Union noch die FDP. Dabei müsste das Bürgertum das als Sieg feiern. Es waren ja drei Liberale, die gegen das Gesetz geklagt haben. Die Herren Baum und Hirsch und Frau Leutheusser-Schnarrenberger. Die drei sind dafür sogar aus der FDP-Führung entfernt worden.

Ist das nicht seltsam? Das Bürgertum, allen voran die FDP, fordert den Rückzug des Staates, »mehr Eigenverantwortung für den mündigen Bürger« tönt es überall, wo wir eine Zuzahlung leisten sollen, nur beim Überwachen und Erfassen von Daten, da ist der Staat aktiver als je zuvor, und das bürgerliche Lager ist der eifrigste Befürworter.

Ein Vorschlag schlimmer als der andere. Und Geld spielt plötzlich keine Rolle.

Videokameras für Schulhof, Marktplatz, Autobahn, da wird investiert. Aber auf der Polizeiwache gibt's kein Handy, und das Protokoll wird immer noch mit drei Durchschlägen auf Kohlepapier geschrieben.

Bürgerliche Lagermentalität. Das Misstrauen der Macht uns gegenüber wird immer größer, vielleicht bald zu Recht. Irgendwie haben sie die Hosen voll da oben.

Wer schon vor einem Kopftuch im Klassenzimmer Angst hat, kann von seinen eigenen kulturellen Errungenschaften nicht sonderlich überzeugt sein.

Und dazu gehört der besondere Schutz des Individuums und seiner Privatsphäre.

»Die Würde des Menschen ist untastbar« – hat Hannelore Kohl zu Lebzeiten mal gesagt, nachdem sie deren Platz bei ihrem Mann nicht finden konnte. Aber dass die Würde des Menschen unantastbar ist, wenn wir *den* Anspruch aufgeben, *dann* haben wir den Kampf gegen Kopftuch und Turban verloren. Nicht, wenn neben den Kirchenglocken der Muezzin wimmert, als hätte man ihm die Männlichkeit in der Moscheetür eingeklemmt.

Für diese bürgerliche Überzeugung ist Frau Leutheusser-Schnarrenberger übrigens als Justizministerin zurückgetreten. Respekt! Sie hätte einen Orden verdient – oder lieber was Praktisches: Man sollte ihr einen anständigen Namen geben.

Plädoyer für Hartz IV

Ich plädiere dafür! Mit Hartz geht ein Ruck durchs Land. Das hatte doch schon der alte Präsident Herzog gefordert. Ob es ein Rechtsruck ist oder ein Linksruck wird, ist noch offen. Hauptsache, erst mal ein Ruck. Herzog ist für seine Ruck-Rede damals extra ins Hotel Adlon gefahren, um dem dort versammelten Volk die Leviten zu lesen. Und jetzt ist es so weit. Die Party ist zu Ende. Im Adlon werden noch Häppchen serviert, aber für das Volk ist Schluss mit lustig. Freibier und Nudelsalat sind alle.

Macht aber nichts. Dafür ist die Armentafel reich gedeckt. Die gibt es schon in über 300 Städten, eine halbe Million nährt sich von den Essensresten der Reichen.

Den Armen geht's übrigens besser mit Hartz. Der gesellschaftliche Status unserer Sozialhilfeempfänger steigt. Bislang waren sie ja der Fußabtreter der Nation – genauer gesagt: der *Bildzeitung*. Dick, faul und gefräßig. Aber nun gibt's Verstärkung, und zwar gut ausgebildete Leute aus der Mittelschicht. Zurzeit sind Berichte angesagt, dass Arbeitslose bereit sein müssen, auch mal Gurken zu sammeln und Spargel zu stechen. Da kommt Freude auf. Wir haben es ja gewusst: Man muss ihnen nur Beine machen.

Aber nächsten Sommer werden noch ein paar Millionen übrig sein, denen wir nicht mal Gurken anbieten können.

Dann wird es klar auf dem Tisch liegen: Die Mitte unserer Gesellschaft ist von nun an dauerhaft von sozialer Unsicherheit bedroht.

Und die Hartz-Reform ist nicht die Ursache dafür, sie macht nur sichtbar, dass eine neue Epoche der Bundesrepublik anbricht.

Und wissen Sie, was mir noch gefällt?

Dank Hartz können wir neuerdings den Angstschweiß der Politiker wittern. Seit das Volk im Osten wieder auf die Straße geht, werden sie nervös. Das gefällt mir. Die Union will beispielsweise aus lauter Angst die Managergehälter begrenzen! Das wäre vor kurzem noch eine sozialistische Neidkampagne mit dem Modergeruch der PDS gewesen. Ist aber eine Stoiber-Idee. Das Ganze ist nur heiße Luft, keine ernsthafte Politik, aber es sagt etwas aus übers Klima da oben.

Wie wird's weitergehen?

Bei der Gesundheitsreform hat das Volk der Versicherten die Kosten allein getragen. Bei der Arbeitsmarktreform wird das Versichertenvolk wieder in Vorleistung treten. Aber das Kernproblem wird bleiben.

Und wer kommt dann dran?

Oskar Lafontaine? Ich glaube nicht. Wer sich einmal in die Büsche geschlagen hat, ist erledigt. Lafontaine weckt die Sehnsucht nach einem Führer mit heißem Herz und kühlen Kopf. Nach einem ehrlichen Makler der gesellschaftlichen Widersprüche. Aber ehrlicher Makler ist ein Widerspruch in sich, und die Anspielung auf Bismarck versteht sowieso niemand.

Lafontaine jedenfalls weckt die Sehnsucht, aber stillt sie nicht. »Schröder-muss-weg« reicht nicht, weil wir das Nachfolgeduo schon kennen.

Wahrscheinlich müssen wir noch mal als Verbraucher ran. Zwangseinkauf. Unter Aufsicht das Sparbuch plündern und ab ins Kaufhaus. Der Binnenmarkt braucht unsere Hilfe.

Mit Hartz IV geht ein Ruck durch das Land. Aber was für einer? Bald werden wir es wissen. Vielleicht kommt dann ja auch Präsident Köhler mal zu uns ins Adlon und sagt, wo es langgeht.

Das Volk braucht nicht viel – sagt Platon

Brauchen die unteren Bevölkerungsschichten wirklich Bildung? Das ist doch eine aktuelle Frage, finden Sie nicht? Bei Platon findet sich dazu eine interessante Überlegung, die uns weiterhelfen könnte.

In Platons Vorstellung von Gemeinwesen war Bildung der unteren Schichten nicht vorgesehen. Wenn sein Staat funktionierte, was allerdings eine geistig-moralisch hoch stehende Führungsschicht voraussetzte, dann blieb automatisch für die Massen eine ausreichende Menge an Gerechtigkeit und Glückseligkeit übrig. Quasi als Abfallprodukt einer vernünftigen Regentschaft.

Und viel mehr wollen die Massen heutzutage ja auch nicht im Grunde. Etwas Gerechtigkeit und ein kleines Glück. Wer das liefert, wird gewählt.

Aber genau da hapert es. Das kleine Quäntchen Glück sozialer Sicherheit kommt uns allmählich abhanden, und mit der Gerechtigkeit ist es auch nicht mehr weit her.

Und das ist unklug von der Herrschaft. Eins von beidem sollte immer stabil bleiben. Mal ganz konkret: Das untere Viertel der Bevölkerung hat in den letzten zehn Jahren deutlich an Kaufkraft verloren. Für die ist Geiz nicht geil, sondern eine Überlebensstrategie. Und wenn das kleine Konsumentenglück nachlässt, darf man nicht auch noch das Gerechtigkeitsgefühl vernachlässigen.

Der Wunsch nach Gerechtigkeit ist ja geradezu ein Kind der Ungerechtigkeit. Je schärfer die Unterschiede zwischen Arm und Reich werden, desto wichtiger wird es, dass man denen da unten ein Gefühl von Gerechtigkeit vermittelt. Wohlgemerkt: gefühlte Gerechtigkeit, von tatsächlicher Gerechtigkeit wollen wir gar nicht erst reden.

Da genügen manchmal kleine Gesten, symbolische Handlungen ohne konkrete Veränderung. Bei vier Millionen Analphabeten, dem schlechtesten Schulsystem Mitteleuropas und sieben Millionen Lesern von *BILD* – die den Analphabetismus ja im Namen trägt – müsste dass möglich sein.

Ein wenig Fingerspitzengefühl braucht man allerdings. Nehmen Sie beispielsweise folgenden Satz von Angela Merkel: »Gibt es etwas Gerechteres als eine Krankenkasse, in die jeder gleichviel einzahlt, egal ob Chefarzt oder Sekretärin.« Um dem Satz zuzustimmen, muss man schon ziemlich benebelt sein. Um den Satz laut zu sagen, allerdings noch mehr. Schade, dass Volksverdummung kein Verbrechen ist, dann wäre Frau Merkel jetzt schon vorbestraft.

Da ist Herr Stoiber taktisch klüger. Der probiert kleine Ungerechtigkeiten erst mal zu Hause aus. Was in Bayern nicht geht, geht nirgends. Er wollte zum Beispiel die Abschaffung der kostenfreien Schulbücher. Das war mal ein wichtiges Symbol für Chancengleichheit, falls Sie sich erinnern können. Stoiber war kaum draußen mit seiner Idee, die Lernmittelfreiheit abzuschaffen, drohte ihm sein Bayernvolk mit einem Volksbegehren. Der Landesherr ruderte zurück und zeigte sich lernfähig.

Und wir, das gemeine Volk, sind auch lernfähig. Das würde ich unserem Kanzler Schröder gerne einmal persönlich ins Gesicht sagen. Er hat uns Deutschen ja gerade eine »Mitnahme«-Mentalität vorgeworfen und »überzogenes Versorgungsdenken«. Ich würde ihm sagen: Das überzogene Versorgungsdenken haben uns die obersten Staatsdiener beigebracht. Wie man Schwarzgeld ohne Unrechtsbewusstsein auf die Seite oder nach Liechtenstein schafft, haben wir von hochrangigen Staatsmännern wie Koch, Kanther und Kohl gelernt. Gelernt und nicht vergessen. Großes Ehrenwort!

Und wenn die Herrschaften uns was Neues beibringen wollen: einfach vormachen!

Zum Grundnahrungsmittel antiker Gesellschaften gehörten »panem et circenses« – und Brot und Spiele braucht das Volk immer noch. Heute wird es mit Sport im Fernsehen gefüttert, koste es, was es wolle, und 2004 war mit Tour de France und Olympischen Spielen ein Jahr, in dem das Ganze epidemische Ausmaße annahm. Die furchtbare Begleiterscheinung solcher Sport-»Events« sind ihre unfähigen Moderatoren, früher Reporter genannt, deren Ausbildung sich mittlerweile auf ein Wochenendseminar reduziert zu haben scheint, die Hälfte davon zum Thema: »Wie kleide und frisiere ich mich als moderner Sportmoderator?«

Aber vielleicht gehören schlichtes Gemüt und inadäquat großes Selbstbewusstsein schon länger zur Grundausstattung, sonst wären Kerner und Beckmann nicht so weit gekommen.

Über Sportmoderatoren

Ich weiß nicht, ob Sie sich schon von diesem Dauersport im Sommer erholt haben. Letztes Jahr hatte ich mich schon für die Dauer des Karnevals bei der GEZ abgemeldet, ich hätte es auch für diese monströsen Sportveranstaltungen dieses Jahr machen sollen. Olympische Spiele, Tour de France und zur Einstimmung die Fußball-Pleite bei der Europameisterschaft. Was zu viel ist, ist zu viel.

Verstehen Sie mich nicht falsch, aus mir spricht nicht die Enttäuschung über das schlechte Abschneiden der deutschen Sportler.

Es ist das Moderatorengeschwätz, genauer gesagt ihre geistige Haltung, soweit man davon überhaupt sprechen kann.

Auf die sportliche Pleite hatte uns Rudi Völler ja eigentlich vorbereitet, es wollte nur niemand hören. Sein Wutausbruch letztes Jahr bei Waldi Hartmann war ja ein Medienevent ersten Ranges, aber alle Kommentatoren haben sich nur für die Verbalinjurien interessiert oder waren entzückt ob der emotionalen Spontaneität von Tante Käthe. Was er damals wollte, ging unter. Er hat für den deutschen Fußball das Recht auf Mittelmäßigkeit eingefordert. Und Recht hat er gehabt. Nicht nur im Fußball. Bei den Olympischen Spielen genauso. Bei den Politikern wäre Mittelmaß schon ein Quantensprung nach oben!

Und bei manchen Sportreportern auch.

Sportchef Poschmann bekam bei seiner Rückkehr aus Athen einen Lorbeerkranz vom Chefredakteur. Weil die Zuschauer alle von der Sendungsqualität so begeistert waren.

Ich nicht!

Allein diese endlosen Vorberichte. Weitgehend sinnfrei. Sehr schlimm auch: Reporter fangen die Atmosphäre bei den Zuschauern ein.

Bei der Tour de France zum Beispiel standen Reporter mit Mikro irgendwo an der Strecke und mussten mehrmals täglich jeweils in einer Minute 30 die Frage der Sendezentrale beantworten: »Wie ist die Stimmung bei Ihnen, zwei Stunden bevor die Fahrer durchkommen?« Und zwei Stunden später: »Wie war das für Sie an der Strecke, als eben die Fahrer an Ihnen vorbeigeschossen sind? Haben Sie Jan Ullrich im Feld erkennen können? Wie hat er auf Sie gewirkt?«

Das sind sicher oft ganz arme Menschen, diese Reporter, kommen einfach im richtigen Leben nicht zurecht, nix Anständiges gelernt, da macht man alles.

Aber die Geisteshaltung in den Redaktionen ist das eigentliche Ärgernis. Zum Beispiel das mehrmals tägliche Herunterbeten des Medaillenspiegels bei den Olympischen Spielen. Diesen Programmteil hirnlos zu nennen, ist eine Verharmlosung. Der Medaillenspiegel der Nationen ist den Sportredaktionen ganz wichtig. USA vor China, Deutschland jetzt schon auf Platz 6, in Sydney lagen wir nach dem 5. Wettkampftag noch auf Platz 9. Ein schöner Erfolg.

Nicht nur, dass diese idiotische Nationenwertung mit den sportlichen Wettkämpfen gar nichts zu tun hat. Schlimmer ist: Es etabliert einen Wettkampf der Nationen, der dem olympischen Geist geradewegs widerspricht. Wahrscheinlich hören sie gar nicht zu, wenn der olympische Eid bei der Eröffnungsfeier beschworen wird, weil sie grade ihre Zettelkästen nach ein paar Metaphern durchwühlen, die ihre Ergriffenheit in die heimatlichen Wohnzimmer transportieren soll.

Wenn diese vermeintlichen Sportexperten nur den Dunst vom Schimmer einer blassen Ahnung davon hätten, dass der ursprüngliche Geist der modernen Spiele gerade gegen diesen Hahnenkampf der Nationen gerichtet war, dann hätten sie wenigstens jeden Abend einen Medaillenspiegel gezeigt, der die Zahl der Medaillen auf je 10 000 Einwohner des betreffenden Landes wiedergibt. Sieger der olympischen Nationenwertung wäre dann: die Bahamas! Deutschland und die USA abgeschlagen und China Vorletzter! Letzter Platz Indien, eine Silbermedaille auf 800 Millionen Einwohner.

Dazu könnte man dann spätabends einen schönen Hintergrundbericht machen. Stattdessen wird vor der Akropolis die Armspannweite von Frau Feldbusch gemessen. Und der Sportfachjournalist Johann Baptist Kerner fragt einen deutschen Mannschaftsreiter ernsthaft: »Sie sind von Beruf Winzer. Inwieweit ist das eine Hilfe für ihre Mannschaft?«

Da wir schon mal bei den Reitern sind: Da gibt's ab und an Kommentatoren, die beweisen, dass es auch anders geht. Uneitle Kommentare, engagiert, bildhafte Sprache, in der Lage, einen Schachtelsatz zu Ende zu bringen – ich weiß zwar oft gar nicht, was gemeint ist, aber es hat was. Zum Beispiel habe ich folgenden Satz in Erinnerung: »Die Stute Rusty greift die Passage kraftvoll von hinten an und bringt sie sicher über die Schulter nach Hause.« Und abschließend: »In dieser Traversale offenbarte uns Rusty die ganze Poesie des Pferdesports.« Hut ab. Das ist sattelfest formuliert sozusagen – ein kleines Wortspiel von mir.

Man hätte einige scharfe Attacken reiten können, Richtung Doping, Kommerz, Bestechung. Fehlanzeige. Nur ein paar arme Schwimmerinnen am Beckenrand runterputzen, dafür reicht die Courage, zu mehr nicht.

Eine klägliche Szene ist mir noch besonders in Erinnerung. Stabhochsprung Männer, unsere große, wenn nicht einzige Medaillenhoffnung in der Leichtathletik. Seit Monaten wurde getrommelt. Der selbsternannte Star: Tim Lobinger. Falls Sie ihn noch nicht kennen: Der Mann hat Unterhaltungswert. Die Karikatur eines Profiathleten. Sein Selbstbewusstsein – ich nenne es mal so, vielleicht ist er auch bloß mal beim Training mit dem Kopf im Absprungkasten gelandet –, also sein Selbstbewusstsein steht in keinem Verhältnis zu seiner Leistung bei Olympia.

Nach dem Wettkampf, der für Herrn Lobinger sehr früh zu Ende war, versucht ein besonders unterwürfiges Exemplar von Sportmoderator zaghaft eine Frage: »Herr Lobinger, dürfen wir Sie zu Ihrem frühen Ausscheiden im Wettkampf fragen?« Lobinger kalt und ohne Blickkontakt: »Klar gibt es dafür Gründe, aber das ist für Sie hier zu kompliziert.« Befragungsende, der Moderator zieht Leine. Bis zu diesem Zeitpunkt hatte Lobinger schon minutenlang krampfhaft lässig eine Red-Bull-Dose mit dem sehr ungewöhnlichen 1,5-Liter-Format in die Kameras gehalten. Da hätte doch der Moderator wenigstens fragen können: »Was wird Ihr Sponsor sagen, wenn er Sie hier mit seinem Leergut ohne Platzierung stehen sieht?«

Vielleicht hätte Lobinger zugeschlagen. Großartiger Moment, emotionale Spontaneität, ein Stück Fernsehgeschichte, Preis für investigativen Sportjournalismus.

Und Lobinger wäre vom Sportgericht verknackt worden zu einer TV-Werbestaffel »Keine Macht den Drogen« mit Mayer-Vorfelder als Partner.

Aus der Traum. Der Alltag hat uns wieder. Und der heißt Cherno Jabotey im Morgenmagazin. Da ist unsere multikulturelle Toleranz schon am frühen Morgen auf dem Prüfstand.

Man sollte mal Wettbewerbe in der Disziplin Fernsehmoderatoren zeigen. Qualifikationen, Endkämpfe. Auch Trostrunden und Hoffnungsläufe für die Ausgeschiedenen. So was muss es geben. Irgendwie müssen Steinbrecher und Jabotey ja an die Planstelle rangekommen sein.

Wenn das unsere Besten sind, die wir da ständig sehen müssen, dann möchte ich zur Fußball-WM 2006 die Durchgefallenen haben. Der Unterhaltungswert könnte den des deutschen Fußballs weit übersteigen.

Eine ganz moderne Form von »Brot und Spielen« sind Hahnen- und Gladiatorenshows im Fernsehen, bei denen junge Angehörige der Unterschicht aufeinander gehetzt werden. Die Initialzündung war der »Big Brother«-Container, wo die Kontrahenten zusammengesperrt wurden, um die Hemmschwelle zu senken. Ähnliche Entgleisungen sollen auch den Untergang der römischen Kultur begleitet haben. Zu diesem Thema habe ich mich mit den Zuschauern der WDR-Sendung »Mitternachtsspitzen« zum Ende der ersten »Big Brother«-Staffel auseinander gesetzt.

»Big Brother« und die Verblödung des Publikums

Guten Abend. Schön, Sie so gut gelaunt anzutreffen, geradezu von einer unerschütterlichen Fröhlichkeit beseelt. Man sagt in Fachkreisen, Sie seien »ein ausgesprochen dankbares Publikum«. So nennt man das, wenn die Zuschauer über alles lachen.

Finde ich übrigens unangenehm, diese »Ich-bin-gut-drauf«-Stimmung. Dann fragen Sie sich vielleicht, warum ich überhaupt hier bin, wenn ich eine solche Stimmung abstoßend finde.

Der Grund ist ganz simpel: Menschen wie Sie interessieren mich. Das dürfen Sie aber nicht persönlich nehmen. Eher naturwissenschaftlich oder so. Ich habe mich früher auch für Käfer interessiert.

Diese Fernsehsendung aus dem Container hat mich drauf gebracht, »Big Brother«. Ich habe da mal reingeschaut, und dabei ist mir aufgefallen: Es passiert gar nichts. Eigentlich ist das Publikum interessanter als die Sendung.

Vielleicht ist es auch gar keine Sendung. Ein Feldversuch mit Bodenhaltung. Vielleicht testen sie fernsehgerechte Prototypen für Zuschauer und Wähler des 3. Jahrtausends.

Oder es ist ein Virusprogramm. Alte Stasiseilschaften haben den Selbstzerstörungsmechanismus der Konsumgesellschaft in Gang gesetzt.

Wie dem auch sei, in der Sendung passiert nichts. Man sperrt junge Leute ein, nimmt ihnen wochenlang den Fernseher weg, beobachtet sie dabei, und was passiert? Nichts. Sie werden normal. Normaler als ihre Zuschauer. Wahrscheinlich weil sie keinen Fernseher mehr haben.

Die hochseriösen Feuilletons und Herr Böhme mit seiner Talkshow glauben darin Zeichen von Verblödung unserer Jugend zu erkennen. Ich glaube das nicht. Herr Böhme hat in seiner Jugend auch Billy Mo mitsingen können: »Ich kauf' mir lieber einen Tiroler Hut, der steht mir so gut.« Kennen Sie noch Billy Mo? Der war damals der Vorzeigeneger, quasi der Vorläufer von Roberto Blanco. Beide übrigens kulturelle Racheakte der alliierten Sieger.

Und der Vater von Herrn Böhme konnte Theo Lingen auswendig: »In der Bar zum Krokodil, am schönen blauen Nil, da tanzten ganz inkognito der Ramses und der Pharao.« Da kann man doch nicht von einer speziellen Verblödung der heutigen Jugend sprechen!

Es war schon immer so. Dummheit und schlichtes Gemüt sind der genetisch bedingte Normalzustand der menschlichen Spezies. Der einzige Unterschied ist: Diese Generation schämt sich nicht mehr dafür. Zlatko ist

»Big Brother«-Sieger nach fernseh-technischem K.O. Das Selbstbewusstsein junger Menschen ist nicht mehr durch Demut gegenüber der eigenen Beschränktheit gezügelt. Dadurch sind sie auch an dieser Stelle nicht angreifbar. Es ist kein wunder Punkt mehr. Im Gegenteil: Das Gebrechen wird zum Vorbild. Auch der Kropf war mal ein Schönheitsideal und wurde offen getragen.

Und wenn Zlatko Shakespeare nicht kennt, dann sind Sie die neue kulturelle Oberschicht! Sie haben Shakespeare schon im Kino gesehen. Alles ist relativ! Den Satz sollten Sie sich merken, dann sind Sie Einstein-Experte. Wenn neben Ihnen jemand tot umfällt, wirken Sie relativ gesund.

Merken Sie, wie lustig Sie das alles finden? Diese inadäquate Haltung kann man Ihnen hier gar nicht nehmen. Höchstens unter vier Augen, wenn man jemanden von Ihnen allein zu fassen kriegt.

Sie beispielsweise, ... nein, Sie eher nicht, aber Sie ..., im Einzelgespräch könnten wir beide uns grundsätzlich über die Erbärmlichkeit Ihrer menschlichen Existenz verständigen, aber kaum tauchen Sie in der Masse unter, sind Sie gut drauf, und die Erkenntnis verblasst.

Man fragt sich, wie viele Leidensgenossen es braucht, um die kritische Masse zu erreichen. Ein für Sie hier im Saal irreführender Begriff in dem Zusammenhang: kritische Masse.

Hier im Saal kann man jedenfalls diese kritische Masse von innen betrachten. Aber an welcher Stelle des gesunden Volkskörpers befindet man sich hier? Im Kopf sicher nicht. So pessimistisch sollte man nicht sein. Mit Herrn Schmickler wäre jedenfalls die Gallenblase nicht weit, was für den Verdauungstrakt spricht. Welche Volkskörperfunktion haben die »Mitternachtsspitzen«? Vielleicht ein Magenbitter vorm Einschlafen, um den ganzen Mist des Tages besser zu verdauen. Wäre denkbar: Die »Mitternachtsspitzen« sind ein Kümmerling für die Unterhaltungsindustrie.

Wir sollten drüber nachdenken.

Es hat bei mir lange gedauert, bis ich den Niedergang des allgemeinen Bildungsniveaus und den Verfall unseres Schulsystems nicht mehr als fahrlässige Vernachlässigung einer Säule unserer Zivilgesellschaft gesehen habe, sondern als beabsichtigte Verblödung einer wachsenden Unterschicht. Eine etwas komplizierte gedankliche Operation, die nachzuvollziehen ich dem Leser nur dringend raten kann.

Volksbildung – wozu?

Wie konnte es zum Niedergang unseres Bildungssystems kommen? Ist es nur ein gewaltiges Versagen der politischen Klasse? Selbst wenn man die Personen kennt, die hierzulande die politische Klasse darstellen, mag ich es nicht glauben. Vielleicht hat es System.

Blicken wir zurück. Ein gut funktionierender Staat hat sich immer das erzogen, was er brauchte. Wissen Sie, warum der preußische König die Schulpflicht einführte? Diese Reform war damals ihrer Zeit weit voraus, aber sie war kein emanzipatorischer Akt, sondern nüchterne Notwendigkeit und Staatsräson. Ursache war eine

Forderung des preußischen Generalstabs. Das Soldatenmaterial war bei Anlieferung minderwertig. Nach zehn Jahren Kinderarbeit blieben für die preußische Armee nur schwindsüchtige Krüppel übrig, die zu blöd waren, die Bedienungsanleitung eines modernen Zündnadelgewehrs zu lesen. Außerdem gab es massenhaft Kriegsveteranen, die auf der Straße rumlungerten.

Also brauchte der Staat eine Schulreform. Ergebnis: Mehr Schule als Kinderarbeit, weniger Krüppel und Analphabeten, und die Veteranen hatten als Dorflehrer wieder was zu kommandieren.

Der Intelligenztest wurde später auch nicht zur Begabtenförderung erfunden, sondern um Idioten von den komplizierten Waffen fern zu halten.

Oder nehmen Sie unsere Bildungsreform vor über 30 Jahren: Arbeiterkinder ins Gymnasium! Ein sozialdemokratischer Sieg? Pustekuchen. Ein wirtschaftlicher Sachzwang. Das brachliegende Humankapital musste ausgeschöpft werden. Die Wirtschaft brauchte hoch qualifizierte Leute. Der liberale Bildungsbürger war immer nur die Dekoration. Und heute ist er tot – und Westerwelle lebt.

Pädagogische Konzepte sind etwas für Festreden. Da wird vollmundig vom Volk der Dichter und Denker gefaselt, vom rohstoffarmen Deutschland, dessen größter Schatz die Bildung seiner Kinder ist. Und währenddessen fällt der Putz von den Wänden der Klassenzimmer. Wo bleibt die einflussreiche Lobby der Lehrer, die sich zu Hunderten in den Parlamenten tummelt, während ihr eigentlicher Arbeitsplatz jämmerlich vor die Hunde geht? Kann das wirklich nur eine ungeheuere Ansammlung von Fehlentscheidungen sein, oder steckt mehr dahinter? Dass unser hoch gelobtes Bildungssystem Heerscharen von PISA-Krüppeln produziert – bedauern das wirklich alle Verantwortlichen, oder sind Heuchler unter ihnen? Sind die PISA-Krüppel zu irgendwas gut?

Es gibt massenhaft ausgebildete Leute, die niemand braucht. Die Arbeitsagenturen stehen mit leeren Händen da. Jeder größere Konzern beweist uns, dass er mit Entlassungen mehr Wachstum produziert, jede Entlassungsankündigung wird mit einem Kurssprung belohnt. Was uns fehlt, sind Konsumenten. Und bei denen kann doch ein gerüttelt Maß an Dummheit nur hilfreich sein.

Stellen Sie sich einen Augenblick vor, wir züchten Idioten. Dann lösen sich eine Menge Widersprüche auf. In keinem Land Europas entscheidet die soziale Herkunft eines Kindes derart über sein späteres Bildungsniveau wie in Deutschland. Allein das ist schon ein Skandal. Aber was bedeutet diese Tatsache in einem Land, in dem die Armut explodiert? Das Land züchtet einen soliden Stamm von schlichten Gemütern. Und den Verbraucherzentralen wird das Geld seit Jahren gekürzt. Auch das keine Fehlentwicklung. Der Pöbel soll gar nicht vergleichen, zögern, nachdenken. Er soll einfach den erstbesten Dreck kaufen, der angeboten wird. Das hat doch eine innere Logik. Mir hat das geholfen. Die Wut wird zwar noch größer, aber die intellektuelle Verwirrung lässt nach.

Wir brauchen Idioten, sonst frisst keiner das Gammelfleisch. Halbwegs vernunftbegabte Schüler würden mit dem Handy nur telefonieren. Das wäre nicht gut für eine Wachstumsbranche.

Wenn junge Eltern ihren Kindern normale Nahrung zubereiten würden, wäre das eine Wachstumsbremse. Aber wenn Eltern ihren Blagen fünf BigMac-Döner-Cola in den Fettwanst drücken, dann ist das gut fürs Bruttosozialprodukt. Jeder BigMac-Döner-Cola ist gut für die Nahrungsindustrie, und wenn sie den kleinen Fettwanst kurz vorm Platzen zum Arzt und in die Klinik bringen, ist das gut für die Gesundheitsindustrie.

Und wenn es lang genug so läuft, dann wird das Wachstum so groß, dass wieder alle Arbeit finden. Um das ungestraft sagen zu dürfen, braucht das Land ziemlich viele Idioten.

Fazit: Geistige Beschränktheit kann gesellschaftlich sinnvoll sein und für den Einzelnen eine Gnade – mit dem Satz könnte ich sogar Katholik werden.

Das war eine Polemik. Aber auch wenn man ernsthaft nachdenkt, kommt man nicht weiter. Was für Menschen braucht der Staat heute?

Die Brauchbarkeit ist immer oberstes Gebot, der Rest eine Phrase.

Brauchen wir wirklich Frühförderung aller schon im Kindergarten? Wenn ja, warum darf dann jeder Dorfschulze die Kindergartengebühren erhöhen, wie er will, und muss sich nicht drum scheren, wer gar nicht im Kindergarten ankommt? Der Föderalismus ist einen Dreck wert, wenn er schon Vierjährigen die Chancengleichheit versagt, weil ein Kostenträger sich hinter dem anderen versteckt.

Anderes Beispiel: Brauchen wir wirklich junge Leute, die sich integrieren und fürs Gemeinwohl engagieren? Wenn ja, warum weisen wir sie dann aus? Bundespräsident Köhler hat kürzlich in Schloss Bellevue eine 17-jährige Immigrantin für vorbildliches Engagement und Bürgersinn ausgezeichnet. Sie spricht fließend Deutsch und wird demnächst unmittelbar nach Abschluss ihrer Lehre ausgewiesen! Vorschrift! Die Rechtslage, kein Ermessensspielraum!

Und alles, ohne dass Köhler auch nur einen Finger krumm macht. Heuchelei im Amt!

Der Alte Fritz hätte solche Beamte in den Oderbruch zum Torfstechen verbannt, wenn sie seinen Willen als erster Diener des Staates derart ad absurdum geführt hätten.

Aber vielleicht weiß der Staat gar nicht mehr, welche Menschen wir brauchen, und überlässt das Ganze einem Hundt vom Arbeitgeberverband, der noch nicht mal einen Fußballclub in der Provinz führen kann. Wenn es nach dem Hundt geht, arbeitet der junge Mensch geistig flexibel für Billiglohn, finanziert davon seine und unsere Rente, konsumiert tüchtig, reist jedem Job hinterher und zeugt auf dem Weg nach Hause ein paar Kinder.

Den Lehrplan möchte ich sehen.

Aber lassen wir das. Was gelehrt und was gelernt wird, sind ohnehin zwei Paar Schuh. Kinder lernen nicht das, was wir sagen, sondern das, was sie sehen und erleben.

Und was sehen und erleben sie? Das Recht des Stärkeren gewinnt, nicht die Stärke des Rechts. Das sehen und erleben sie. Auf dem Schulweg, in der Klasse, an der Playstation, am Videospiel, in der Nachmittags-Talkshow. Sich dünn hungern bei Heidi Klum und Dreck fressen bei Dirk Bach, dem Gegenteil von Heidi Klum. Dafür gibt es Belohnung und Beachtung. Versuchen Sie mal, ihrem Kind zu erklären, wozu es gut ist, eine Haltung zu haben. Das versteht Sie nicht und denkt, es soll zum Orthopäden.

Die Deutsche Bank legt ihre Kleinanleger aufs Kreuz und wird dafür Europas »Bank des Jahres«. Solide, erfolgreiche Firmen werden zerschlagen und den Aktionären zum Fraß vorgeworfen. Und der Staat wird zum Hampelmann, dem die multinationalen Fondsverwalter das Steuerrecht diktieren.

Kräftig die Ärmel aufkrempeln und anpacken wird der Staat erst, wenn innere Unruhen das Land erschüttern. Aus Frankreich sieht man schon ein Wetterleuchten aufziehen. Dann wird der Staat Stärke zeigen. Die Union sammelt schon die Truppen und Mehrheiten für den Bundeswehreinsatz bei Terrorangriffen im eigenen Land. Wer dann Terrorist ist, regelt eine Verordnung.

Wie reagiert jemand, der merkt, dass er mit 16 Jahren schon überflüssig ist und für nichts gebraucht wird? Wenn ganze Klassen keine Lehrstelle finden und Akademiker ihr 20. Praktikum für ein Mittagessen ableisten?

Gewaltverzicht predigen, ist billig, eine real existierende Alternative bieten, ist teuer. Kein Geld.

Brauchen wir sie wirklich nicht, die jungen Leute?

Unsere Generation, die Alten, werden bald ihre Hilfe brauchen, könnte man denken, Altenbetreuung ein Beruf mit Zukunft – falsch gedacht. Kein Geld für Personal. Aber das Rettende für uns ist nah. In Japan ist ein Pflegeroboter in Erprobung, der schon zehn Grundbedürfnisse von Bettlägrigen unterscheiden und befriedigen kann. Wenn Sie Glück haben, hat er die Stimme von Senta Berger auf dem Antwortband. Wenn Sie Pech haben oder eine AOK-Chipkarte, dann werden Sie von einer Verona-Feldbusch-Sprechpuppe mit Spinat gefüttert. Und die ist von der Echten kaum zu unterscheiden.

10 2005 – Schicksalsjahr und Schicksalswahl

Der Jahresbeginn 2005 wurde von einer Naturkatastrophe überlagert – einem Tsunami. Auch beim »Scheibenwischer« erwartete das Publikum, dass dieses alles beherrschende Thema zur Sprache kommt, die Frage war nur: Wie geht man satirisch mit einer solchen Tragödie um? Bei heiklen Themen orientiere ich mich gerne an George Tabori, der behauptet, dass im Kern eines guten Witzes meist eine Tragödie steckt. Das Lachen darüber soll uns helfen, die Tragödie zu verarbeiten.

Und das verlogene Pathos offizieller Trauerbekundungen verdient allemal eine Bloßstellung.

Tsunami

Was unser Verhalten als Deutsche nach der Flutkatastrophe betrifft, können wir zufrieden sein. Unsere Bereitschaft, Geld zu spenden, ist vorbildlich. Der Bundeskanzler hat in seiner Neujahrsrede mit Recht darauf hingewiesen, dass Deutschland da ganz vorne liegt.

Die Fernsehsender haben auch tagelang die Nationenwertung gezeigt. Da waren wir besser als bei den Olympischen Spielen. Natürlich, wenn man die Einwohnerzahl mit einbezieht, liegt Norwegen vorne, aber mit der Rechenmethode hätten ja bei den Olympischen Spielen die Bahamas gewonnen!

Ich bin gespannt, was aus Schröders Idee wird, Partnerschaften zu betroffenen Regionen, Städten und Gemeinden zu fördern. So könnte unser Bürgersinn viel direkter eingebunden werden.

Schröder hätte ja auch einfach erklären können, dass Deutschland zukünftig seine Entwicklungshilfe auf das Niveau anheben wird, das wir den Vereinten Nationen schon vor zehn Jahren versprochen haben. Aber dann müsste er den Etat verdoppeln, und der Bürgersinn käme zu kurz.

Aber im Großen und Ganzen wurde gut auf die Naturkatastrophe reagiert. Manches hätte schlimmer kommen können. Wir verdanken es zum Beispiel der schnellen Reaktion des sri-lankischen Militärs, dass Helmut Kohl seinen Urlaub fortsetzen konnte. Ein Militärhubschrauber hat ihn in ein neues Hotel geflogen. Stellen Sie sich vor, Helmut Kohl wäre untergegangen, und keiner hätte ihn vermisst!

Oder nehmen Sie die Einführung von Hartz IV. Überhaupt kein Thema mehr! Wer traut sich angesichts des Elends, seinen sozialen Abstieg zu beklagen. »Geh doch nach Sumatra, wenn dir das zu wenig ist!« Wer will sich das schon sagen lassen.

Und hinsichtlich der materiellen Zerstörung hat die Münchener Rückversicherung Entwarnung gegeben.

Pressemeldung: »Glücklicherweise ist in den betroffenen Gebieten die Versicherungsdichte gering.« Na, Gott sei Dank. Da haben wir noch mal Glück gehabt. Der DAX hat noch nicht mal mit der Wimper gezuckt. So ein Tsunami an der amerikanischen Ostküste kostet weniger Menschenleben, aber die Versicherungsdichte: extrem hoch! Das könnte Dollar und DAX das Genick brechen.

Halten Sie mich nicht für einen Katastrophenfanatiker. Solche Szenarios haben die Versicherungsmathematiker der Münchener Rück fertig gerechnet in der Schublade.

Aber noch mal zu unserer Spendenbereitschaft. Ich habe den Jahresbeginn in den Schweizer Bergen verbracht. In meinem Ferienort wurde ein Handzettel verteilt: »Dienstagabend Glühweintrinken für Tsunamiopfer.« Ich habe entgegen meinen Gewohnheiten drei Glas Glühwein getrunken. Er hatte einen Beigeschmack. Aber welchen? Wenn wir durch Glühwein trinken und Sonnenbaden so viel helfen können, was bedeutet das? Es zeigt uns, wie obszön Wohlstand und Elend in der Welt verteilt sind.

Ein »Glühwein trinken für die Hungernden in Darfur«, das würde nicht mehr funktionieren. Da wäre der Beigeschmack zu penetrant.

Den Vorwurf des Zynismus weise ich übrigens an dieser Stelle zurück. Nicht mein Vergleich ist zynisch, unsere Welt ist zynisch.

Was ist der Unterschied zwischen Wasserleichen und Verhungerten? Nur der Anblick? Die Medientauglichkeit? Die Tatsache, dass Hunger heutzutage keine Naturkatastrophe, sondern von Menschenhand gemacht ist? Oder einfach nur, dass so viele Deutsche bei den Wasserleichen liegen?

Ich glaube, das ist nicht der Punkt.

Ach, vielleicht doch eine kleine Kritik an der Regierung. Außenminister Fischer hat angesichts der 1000 vermissten Deutschen von einer »nationalen Katastrophe« gesprochen. Da sollten wir auf dem Teppich bleiben. Wissen Sie, was eine nationale Katastrophe wäre? Wenn am 26. Dezember dieses Jahres die über 100 000 Pflegefälle in deutschen Heimen, die mit offenen Geschwüren herumliegen, weil das Personal fehlt, um sie jede Stunde einmal umzudrehen, wenn die am 2. Weihnachtsfeiertag gleichzeitig um Hilfe schreien würden, das wäre eine nationale Katastrophe.

Wissen Sie, ich glaube, das Mitgefühl des Westens hat deswegen einen Höhepunkt erreicht, weil wir in der globalisierten Welt paradiesische Strände für uns gefunden hatten, und der Tsunami hat uns aus dem Traum vom Glück gerissen. Wir wollen aber noch ein wenig weiterträumen dürfen. Aber es gibt kein richtiges Leben im Falschen.

»All inclusive« hat einen neuen Sinn bekommen.

Nur: So viel Wasser hatten wir nicht bestellt.

Der Verfall rot-grüner Regierungsmacht beschleunigte sich im Lauf des Frühjahrs, und zu allem Übel begann auch noch Bundespräsident Köhler, sich einzumischen. Der von Angela Merkel gewählte Bundespräsident war ein starker Beweis dafür, dass die Union und die FDP mit dem höchsten Amt des Staates genauso schamlos

Parteipolitik treiben wie die SPD. Je rücksichtsloser um Staatsämter geschachert wird, desto vollmundiger die Phrasen, die gedroschen werden, das hohe Amt des Bundespräsidenten dürfe nicht beschädigt und müsse aus der Alltagspolitik herausgehalten werden.

Ein Großmeister der Heuchelei ist Roland Koch, der hessische Ministerpräsident. Er hat uns beispielsweise einen Verteidigungsminister Jung beschert, dessen einzige Qualifikation für dieses wichtige Ministerium darin bestand, dass er seinerzeit alle Schuld in der besonders unappetitlichen hessischen Parteispendenaffäre auf sich lud, damit sein Herrchen nicht vor dem Untersuchungsrichter erklären musste, wie und warum er jüdische Millionenvermächtnisse in Liechtenstein betreut hat, von Verstorbenen, die nie gelebt haben. Das Verteidigungsministerium bekam Jung dann als Geschenk, weil er bei Koch einen gut hatte, und ein Ehrenwort unter Männern gilt in der Union immer noch mehr als das Gesetz.

Vor kurzem geriet Koch mit seiner staatsmännischen Heuchelei allerdings an den Falschen. Auf dem Höhepunkt der RAF-Begnadigungsdebatte saß Koch mit Peymann, dem Intendanten des Berliner Ensemble, bei Maybritt Illner im ZDF. Peymann hatte Christian Klar im Falle seiner Begnadigung ein Praktikum beim BE angeboten und wiederholt von »Köhler« gesprochen. Koch plusterte sich feierlich auf und herrschte Peymann an: »Für Sie ist das immer noch der Herr Bundespräsident, Herr Peymann«, worauf der vergnügt antwortete: »Geschenkt, Herr Koch. Wenn's wichtig ist, dürfen Sie auch gerne Herr Generalintendant zu mir sagen.«

Aber zurück zum Bundespräsidenten selber. Köhler stiftete Anfang 2005 mit einem besonders eigenwilligen Exemplar seiner Vorlesungen erheblichen Unmut und Verwirrung, was mir ein willkommener Anlass für eine Zurechtweisung war.

Köhler muss weg

Ich werde die Einsetzung eines Untersuchungsausschusses beantragen mit dem Ziel der Amtsenthebung von Bundespräsident Horst Köhler. Er bringt falsche Sachverhalte in Umlauf, ich behaupte, sogar wissentlich. Worum geht es?

In diesem Land werden wir, die Bürger, über bedrohliche Entwicklungen systematisch im Unklaren gelassen und getäuscht. Auf der politischen Bühne werden Scheingefechte inszeniert und Konflikte ins Rampenlicht gerückt, die nur der Ablenkung vom Kern der deutschen Misere dienen.

Bundespräsident Köhler hat sich an diesem üblen Spiel mit einer – wie ich finde – besonders plumpen Falschmeldung beteiligt.

In einer bedauerlicherweise viel beachteten Rede hat er behauptet, die Angleichung der Vermögensverhältnisse zwischen Ost und West werde noch eine ganze Generation auf sich warten lassen.

Die Reaktion darauf war das übliche Theater. Die Ossis jaulen empört auf: »Wenn wir das gewusst hätten!« Die Wessis fragen hämisch zurück: »Ja, was denn dann?« »Dann wären wir nicht gekommen!« »Jetzt wisst ihr's doch, dann könnt ihr's euch ja noch mal überlegen.« So läuft das doch. Und alle fallen drauf rein.

Ich werde Köhler schreiben. Wenn er den Satz noch einmal sagt, zeige ich ihn an wegen arglistiger Täuschung des deutschen Volkes. Den Paragraphen gibt es gar nicht, aber ich glaube, das weiß er nicht.

Die Wahrheit ist: Die Angleichung der Vermögensverhältnisse zwischen Ost und West kommt zügig voran, die Misere liegt woanders. Wenn man die Entwicklung des Geldvermögens richtig betrachtet, erkennt man eine politische Zeitbombe.

Köhler muss das wissen, er hat es doch von der Pike auf gelernt. Natürlich lungern in den Sparkassen und Landesbanken Hunderte von abgehalfterten Politikern herum, ohne von irgendeiner Sachkenntnis aus dem Schlaf gerissen zu werden.

Aber Köhler nicht! Der ist gelernter Sparkassenfilialleiter. Deswegen ist bei ihm von arglistiger Täuschung auszugehen.

Werfen wir einen Blick auf das Geldvermögen im Reichenviertel Deutschlands. Da hat seit 1993 das Vermögen West um 28 Prozent zugenommen. Im Villenviertel Ost aber um 86 Prozent. Das nenn ich eine Aufholjagd. Und im Armenviertel kommt man sich noch zügiger näher. Im Osten haben sie 21 Prozent ihrer Barschaft verloren, im Westen sogar schon 51 Prozent!

Die Angleichung der Lebensverhältnisse zwischen Ost und West läuft auf vollen Touren, aber bei Arm und Reich in entgegengesetzter Richtung.

Köhler muss das wissen, sonst wäre er schon als Sparkassenpräsident ein Versager gewesen. Und wenn er es weiß, hat er versucht, den wahren Konflikt zu vertuschen, und das ist nicht der Ost-West-, sondern der Arm-Reich-Konflikt im Land, und dann muss er weg und seine Frau am besten gleich mit. Die hat uns Deutschen letzte Woche geraten, in diesen schweren Zeiten wieder mehr zu beten. Das ist grober Unfug. Oder sie weiß mehr. Vielleicht spricht ihr Horst im Schlaf.

Mehr beten in der Krise, der Papst gilt uns Deutschen als höchste moralische Instanz, und Doris Schröder-Köpf wurde zur bedeutendsten Frau des Jahres gewählt:

Das ist die Bankrotterklärung einer aufgeklärten Zivilgesellschaft.

Die SPD verlor im Frühjahr 2005 Nordrhein-Westfalen an die CDU, und Schröder verlor die Nerven. Er erzwang Neuwahlen für den Herbst, und keiner gab mehr einen Pfifferling für die Koalition in Berlin. Im Wahlkampf schien es nur noch um die Höhe der Niederlage zu gehen oder gar eine absolute Mehrheit der Union. Um den Einzug der neuen Linken ins Parlament zu verhindern, zeigte *BILD* sogar auf Seite 1 eine Großaufnahme des operierten Gehirns von Gregor Gysi. Es half nichts, und alles kam ganz anders als gedacht, das Wahlvolk verhielt sich nicht ungeschickt.

Ich setze auf Sieg der Konservativen

Das wird ein angenehmer Wahlkampf bis September, glauben Sie mir. Es sind nur noch drei Monate, und die Hälfte der Zeit sind alle im Urlaub.

Und dann eine Alleinregierung der Union. Sie sehen, wie tief meine Verzweiflung sein muss, dass ich mir so etwas wünsche.

Zugegeben, es ist unwahrscheinlich, aber dann könnten wir erfahren, was Frau Merkel mit »Politik aus einem Guss« meint, mit »durchregieren«, mit »Ich will Deutschland dienen«. Beim Alten Fritz geklaut übrigens der Satz, der hat aber nicht »Diener« gesagt, sondern »Knecht«.

Egal. Jedenfalls haben Sie eine historische Gelegenheit, dem deutschen Konservatismus etwas Glanz zu verleihen. Er hat es dringend nötig. Und zwar ohne nationales Gedudel. Das sollten Sie getrost Oskar Lafontaine überlassen. Jeder blamiert sich, wie er kann.

Konservative Wegmarken ins 21. Jahrhundert brauchen Europa als Fundament. Und da gehören auch die preußischen Tugenden dazu: Wahrheit, Klarheit, Sparsamkeit. Wenn die Union das praktiziert, dann braucht sie vorm Wahlvolk keine Angst zu haben.

Wir sind nicht der Urnenpöbel, den die *Bildzeitung* glaubt, mit Sündenböcken und lädierten Politikerhirnen füttern zu müssen. Wobei übrigens auf dem dünnen Röntgenbild-Scheibchen von Gysi mehr Hirn zu sehen war als bei einer dreidimensionalen Gesamtaufnahme des Kopfs von *BILD*-Kolumnist Franz Josef Wagner.

Aber vielleicht zögern die Konservativen gar nicht wegen der Wähler. Wir sind vielleicht gar nicht das Problem der Union. Vielleicht haben die Interessenverbände nur noch nicht entschieden, auf welche Reise sie ihre Union schicken sollen. Für die ist es ja auch eine einmalige Chance.

Die Wahlplattform der Union zum Steuerrecht wird von der Stiftung »Marktwirtschaft« geschrieben, finanziert vom Arbeitgeberverband Gesamtmetall. Nur mal als Beispiel.

Und die halbe FDP ist eine Zweigstelle der Versicherungsmafia.

Sollten die Konservativen die Kraft haben, sich selbstbewusst von Gruppeninteressen zu lösen und ihren Amtseid ernst nehmen, dem Wohle des gesamten Volkes zu dienen, dann werden sie lange dienen.

Aber wollen sie, können sie das?

Zu den unangenehmen Gebrechen der deutschen Konservativen gehört ein gespaltenes Verhältnis zur Legalität und mangelnde Aufrichtigkeit. Das zieht sich wie ein schwarzer Faden seit Kaiser Willems Zeiten durch bis Kohl, Kanther und Holger Pfahls' Geständnis, dass die letzte Unionsregierung käuflich war.

Nun ist ja die CDU vor wenigen Tagen 60 Jahre alt geworden. Idealer Auftakt für einen Neuanfang. Mit Festakt in Berlin. Wurde auch so inszeniert.

Wissen Sie, womit der konservative Neuanfang begann? Mit einem großen Bahnhof für Helmut Kohl. Mit der Verneigung vor einem Mann, der sich bis heute außerhalb der Legalität stellt, den Begriff »Ehrenwort« für lange Zeit unbrauchbar gemacht hat und maßgeblichen Anteil am Ruin des Staatshaushalts hat, weil er zur Finanzierung der Einheit lieber heimlich in die Sozialkasse der kleinen Leute gegriffen hat, nur um sich nicht durch ehrliche Belastung aller Bürger die Sektlaune und seinen Saumagen zu verderben.

Oder habe ich das falsch gedeutet, den großen Bahnhof für Kohl? Vielleicht war das ein Parteibegräbnis 1. Klasse, und Frau Merkel will dem Rest ihrer Altherrenriege damit einen großen Bahnhof schmackhaft machen – sie hat ja schon einige Särge gefüllt. Und es gibt gut dotierte Politiker-Friedhöfe, auf denen jetzt Plätze frei werden.

Und dann startet sie durch mit ihren jungen Beratern. Aber da ist Peter Hinze dabei. Und der ist schon lange tot und merkt es gar nicht.

Bald wissen wir mehr. Halten Sie Augen und Ohren auf.

Die Schicksalswahl – September 2005

Sind Sie mal ehrlich, interessieren Sie sich jetzt noch für den Wahlkampf? Wenn nicht hin und wieder jemand ausfällig oder ohnmächtig würde, wäre gar nichts los. Ohne unsere neue Linkspartei könnte man den Wahltag glatt verschlafen. Das Duo Merkel-Westerwelle stünde fest, und hinterher will es niemand gewesen sein. Aber so entscheidet Oskar Lafontaine mit Gregor Gysi über das Schicksal von Herrn Westerwelle, das ist doch besser als nichts.

Mal ganz offen gesprochen: Mit wem möchten Sie lieber einen Abend verbringen: Westerwelle oder Lafontaine?

Lafontaine natürlich. Das Essen und der Rotwein wären besser. Und hinterher? Ein Referat von Guido oder mit Oskar zum Tabledance?

Zugegeben, das Saarbrücker Rotlichtmilieu ist miefiger als das Flair im Caipi-Puff von Rio, aber nicht jeder Arbeiterführer schafft es bis in die VW-Spitze.

Übrigens predigt Lafontaine nicht Wasser und trinkt selber Wein. Er und Gysi predigen: »Wein für alle!« Was grober Unfug ist. »Schorle für alle!«, müssten sie predigen, »Wein nur Samstag/Sonntag!« Aber das will ja keiner hören.

Worum geht es denn bei dieser Wahl?

Die Verteilungskämpfe werden härter, weltweit und zu Hause. Nötig wäre eine Regierung, die dafür sorgt, dass es nicht Sieger und Besiegte gibt, dass sich die Gräben im Verteilungskampf nicht vertiefen, zwischen Arm und Reich, Ost und West, Alt und Jung. Zwischen krank und gesund, Familie und Single, deutsch und nicht-deutsch.

Die gesunden jungen westdeutschen Single-Gutverdiener haben ihre Partei, auch wenn nicht alle so aussehen wie Westerwelle. Und nun haben die Ossis und die Armen auch eine eigene Partei, die Alten und Kranken sind eingeladen, gerne auch treudeutsch, Oskar ist nicht wählerisch.

Als Grabenkämpfer ist er mit Gysi erste Wahl. Wenn Sie das Gefühl haben, zu den Besiegten im Verteilungskampf zu gehören, sind Sie bei der Neuen Linken richtig. Nur das Wahlprogramm sollten Sie besser nicht lesen. Ziemlich dünn auf der Brust. Wenn wir den Reichen den Schampushahn zudrehen, ist Wein genug für alle da. Wie Lieschen Müller sich den Sozialismus vorstellt. Da war Oskar vor 15 Jahren schon mal weiter.

Aber was soll's – wir wollen ja nicht regiert werden von ihnen. Schon ihre bloße Existenz zeigt Wirkung.

Frau Merkel sagt nicht mehr: »Wir wollen Entlassungen erleichtern«, sie sagt: »Unsere Unternehmer dürfen nicht mehr tagelang ihre Zeit beim Arbeitsgericht vergeuden.« Die SPD hat sogar einen Steuerzuschlag für Reiche vorsichtig in Erwägung gezogen, Arbeitstitel: »Balkonlösung«.

Leisetreten und Kreide fressen ist angesagt. Schade eigentlich, dass Roland Koch nur hintenrum mitmischt, der alte Brunnenvergifter. Kochs Türkennummer kontra Lafontaines »Fremdarbeiter-Feldzug«, da würden die Fetzen fliegen zum Wohle eines europäischen Weges aus der Globalisierungsfalle.

Wäre aber allemal spannender als das Schröder-Merkel-Gedudel am Sonntag. Mit anschließenden Feinanalysen bis zum Abwinken. Krawattenvergleich geht diesmal nicht, aber Udo Waltz wird eine Frisurenanalyse vornehmen und Samy Molcho die Körpersprache deuten. Danach wird die Zahl der Unentschlossenen dramatisch sinken. Sie werden die Neue Linke wählen. Aus Rache – Rache für die gestohlene Zeit und Beleidigung des mündigen Wählers.

Wir spüren doch alle, was kommen wird. Frau Merkel hat versprochen, da weiterzumachen, wo die Regierung Kohl aufgehört hat. Kontinuität hat sie gesagt. Haben Sie Altmeister Kohl gesehen beim Pfahls-Prozess? Holger Pfahls wird ein freier Mann sein, weil Entlastungszeuge Kohl eins klargestellt hat: Pfahls hatte keinen Einfluss auf Regierungsgeschäfte. Käuflichkeit war in der Regierung Kohl allemal Chefsache. Er konnte es dem Gericht nicht ins Gesicht sagen, weil alle gerade einen Diener vor ihm gemacht haben. Kontinuität, fest versprochen.

Korruption, Bestechung, Vorteilsnahme, Preisabsprachen, das hat Konjunktur im Land. Das Gemeinwohl ist Auslaufmodell, Sozialpartnerschaft war nur ein notwendiges Übel, solange Arbeitskräfte knapp waren.

Wenn wir in unserem runtergekommenen Schrebergarten die zwei kleinen Giftzwerge Gysi und Lafontaine aufstellen – da werden die tüchtigen Heinzelmännchen aber staunen.

Das kluge Wahlvolk – Jahresrückblick 2005

Ich bin erleichtert, dass das Jahr zu Ende geht. Ein Jahr des moralischen Niedergangs, so weit das Auge reicht.

Mit dem jämmerlichen Ende von Heide Simonis fing es an, und mit dem lausigen Abgang von Stoiber – Schröder – Müntefering hört es auf. Nur das Wahlergebnis war mir ein kleiner Trost. Dass uns die Meinungsmacher ihr Traumpaar Guido-Angela nicht aufschwätzen konnten.

Eine seltsame Jagdgesellschaft war da beisammen: *BILD* und *Spiegel*, Seit an Seit mit *Stern* und *Focus*. Selbst der Versuch, den Ossi-Wessi-Konflikt noch mal abzunudeln, hat nicht geholfen.

Die Teilung Deutschlands sah in der Wahlnacht ganz anders aus. Linke Mehrheiten in Norddeutschland, rechte Mehrheiten in Süddeutschland, ein sauberer Nord-Süd-Konflikt. Das hat Zukunft – und Vergangenheit: Diese politische Demarkationslinie gibt es seit Jahrhunderten. Mit Recht, als Urlaubsland ist mir Bayern auch am liebsten.

Aber noch mal zu den Ostdeutschen – rückblickend sind sie moderner, als wir Wessis wahrhaben wollen. Die Ostdeutschen machen konsequent das, was Regierung und Wirtschaft fordern. Jeder halbwegs qualifiziert Arbeitsfähige geht dahin, wo es noch Arbeit gibt. Wieso beklagen wir Vergreisung und Zerfall der ostdeutschen Städte? Hohe Mobilität wird gefordert und geliefert. Bravo!

Die Ostdeutschen zeugen keine Kinder mehr. Bravo! Vorfahrt für Wachstum und Arbeit, geht besser ohne Kinder. Die haben Merkel und Köhler wenigstens zugehört.

Und sie sparen auch nicht zu viel! Noch so ein Vorwurf, den man zurückweisen muss, für Ost und West. Horst Köhler und Thomas Gottschalk beklagen, wir Deutschen sparen zu viel. Einspruch, Euer Ehren!

Gerade die Kleinverdiener geben mehr aus, als sie verdienen. Sie geben sich alle Mühe, ihren Idolen keinen Ärger zu machen. Ihr Notgroschen hat sich in den letzten Jahren deutlich verringert. Alles brav durch den Schornstein gejagt, Herr Bundespräsident! Die Zahl bankrotter Familien hat fast das amerikanische Vorbild erreicht, Herr Gottschalk!

Nur beim Bildungsniveau, da hapert's noch. Trotz erheblicher Anstrengungen unserer Bildungspolitiker erhöht sich die Zahl der Analphabeten nur zögerlich. Die USA dagegen: In Detroit, da kann schon über die Hälfte der Einwohner nicht mehr lesen und schreiben!

Aber wir sollten unseren Politikern nicht alles in die Schuhe schieben. Im globalen Spiel sind sie nur Randfiguren. Den Global Playern ist fast egal, wer unter ihnen regiert.

In Kenntnis des Regierungswechsels haben die Unternehmen für 2006 einen noch nie da gewesenen Stellenabbau angekündigt, von der Telekom mit über 30 000 bis zum freundlichen Herrn von der Hamburg-Mannheimer mit 1000.

Merkel ein Neuanfang? Eine Politzirkusnummer zur Zerstreuung unserer Aufmerksamkeit. Dasselbe Spiel geht weiter, nur ein paar Figuren wurden ausgewechselt. Schröder war nur ein Bauernopfer. Und Frau Merkel ist zwar die Dame im Spiel, aber gezogen wird sie vom Global Player. Und dem ist egal, welche Figur er zieht, Hauptsache Gewinn.

Da fällt mir übrigens ein: Haben wir Josef Ackermann erwähnt? Den darf man in einem Jahresrückblick nicht vergessen! Wir müssen den Leuten sagen, dass er kein Bösewicht ist. Er ist als Einziger seiner Zunft hierzulande schon auf internationalem Niveau! Und wir? Was ist mit uns? Welche Figuren dürfen wir ziehen? Die, die wir gewählt haben? Und welcher Zug ist der Richtige? Der Multimilliardär Soros sagt: »Es gilt zu verhindern, dass der Kapitalismus die Menschheit so dominiert, wie es davor nur der Marxismus versucht hat.«

Das wäre die Aufgabe einer wirklich großen Koalition.

Die deutsche Innenpolitik hatte das Jahr 2005 dominiert. Kaum war es zu Ende, meldete sich der große internationale Nahostkonflikt mit einem Paukenschlag zurück, dem so genannten Karikaturenstreit.

Ein paar nicht sehr gelungene und in der Substanz harmlose Mohammed-Karikaturen einer dänischen Zeitung, die ein halbes Jahr lang unbeachtet in Kairoer Tageszeitungen zu sehen waren, wurden von islamistischen Fanatikern als Vorwand für gewalttätige antiwestliche Demonstrationen benutzt, und binnen einer Woche nahm die französische Supermarktkette »Carrefour« in Kairo den dänischen Käse und Jogurt aus den Regalen, um die religiösen Gefühle der Gläubigen nicht zu verletzen! Sogar die Katholiken produzierten Verständnis und versuchten, etwas Wasser auf die Mühlen ihrer religiösen Gefühle zu leiten. Die öffentliche Diskussion eskalierte derart, dass der BR ernsthaft überlegte, ob es nicht besser sei, im »Scheibenwischer« zu diesem Thema gar nichts zu sagen. Dabei ging es doch um das Lebenselixier der Satire und des Kabaretts: das Recht der freien Meinungsäußerung! Und eine politische Karikatur ist nichts anderes als gezeichnete Satire.

Zu meinem Glück habe ich in solch schwierigen Situationen zwei verlässliche Berater. Beide rieten sogar, den Karikaturenstreit zum zentralen Thema der Sendung zu machen.

Der Karikaturenstreit

Erlauben Sie mir zwei Anmerkungen zum Thema Verletzung religiöser Gefühle.

Erste Anmerkung:

Der konkrete Auslöser, diese Mohammed-Karikaturen, die sollten wir vernachlässigen. In ein paar Monaten finden sich neue Anlässe, um Gewaltexzesse zu inszenieren. Ein zu Unrecht gepfiffener Elfmeter kann ein Volk demütigen – erinnern Sie sich an das Spiel Türkei–Schweiz –, oder bei irgendeiner Wüstenrallye donnert ein Mercedes-Werksfahrer in eine Gruppe betender Männer.

Gewaltexzesse gibt es übrigens auch bei uns. Die sächsische Provinz gehört ja offiziell noch zu Deutschland. Da gibt es rechtsfreie Zonen, in denen Sie für einen Judenwitz zum Bier eingeladen und für einen Hitlerwitz zusammengetreten werden.

Die tiefere Ursache des ganzen Schlamassels ist übrigens die massenhafte Arbeitslosigkeit junger Menschen von Sachsen über Paris bis in den Nahen Osten, wo 70 Prozent der jungen Araber keine Arbeit haben.

Zweite Anmerkung:

Wir müssen damit leben, dass jede unserer Offenbarungsreligionen, ob Islam, Christen- oder Judentum, eine gewalttätige, dunkle Seite hat. Gewaltverzicht ist eine kulturelle Leistung, die in jeder Kirche jede Generation immer von neuem erbringen muss. Jeder Einzelne. Sogar ich.

Auch in mir rumort das Böse. Auch ich habe Gewaltphantasien. In schlimmen Nächten steige ich als Großinquisitor in die Folterkeller hinab. Dann werfen mir meine Schergen Kai Diekmann mit seiner ganzen *BILD*-Redaktion vor die Füße, und ich exorziere den Teufel der Volksverhetzung aus ihnen heraus.

Am nächsten Tag stehe ich hier und verteidige die Pressefreiheit, auch wenn sie von den *BILD*-Schmieranten bis an den Rand des Erträglichen ausgenutzt wird.

In ruhigeren Nächten träume ich von Claudia Roth. In einer aktuellen Fragestunde des Bundestages gelobt sie, fortan nur noch schwarze Kleidung zu tragen, und legt das Gelübde ab, zu schweigen, bis zu dem Tag, an dem die Integration aller Kulturen in unserem Land abgeschlossen ist. Danach kann ich ungestört schlafen.

Mein schlimmster Traum ist eigentlich gar keiner. Die fundamentalistischen Hooligans aller Himmelsrichtungen haben sich zu einer Armageddon-Schlägerei verabredet. Die amerikanischen Evangelikalen betreiben gemeinsam mit den Islamisten einen baldigen Endkampf in Israel, wo die jüdischen Fanatiker glauben, dass ihr Gott ihnen vor 3000 Jahren einen Bauplatz zugewiesen hat.

Wenn Religion wirklich Opium fürs Volk ist, handelt es sich hier um massenhafte Überdosierung. Die Propheten sollten ein Machtwort sprechen, und wir, wir lassen Vernunft in Tablettenform entwickeln und befreien die Patienten von der Zuzahlung.

11 Auf ein »Neues aus der Anstalt«

Es erscheint mir überflüssig, an dieser Stelle noch einmal auf die Gründe meines Ausscheidens aus dem »Scheibenwischer« einzugehen. Die inhaltlichen Differenzen waren grundsätzlicher Natur, die Diskussion blieb kurz und kontrovers.

Da mein diplomatisches Geschick ebenso gering ist wie meine Neigung, mich zu persönlichen Dingen zu äußern, habe ich mich meines Pseudonyms Georg Schramm bedient, um bei der Trennung im Frühjahr 2006 in der Presse dazu erklärend Stellung zu beziehen. Dem habe ich nichts hinzuzufügen.

Mit der Livesendung »Neues aus der Anstalt« im ZDF hat nach 27-jähriger Denkpause auch der zweite öffentlich-rechtliche Sender die Zeichen der Zeit erkannt: Die Zuspitzung der nationalen und globalen Konflikte schreit nach politischer Satire. Und ich empfinde eine gewisse Befriedigung, auf diesen Ruf seit Januar 2007 mit meinem Partner Urban Priol antworten zu dürfen.

Radikale Veränderung – ein Tagtraum

Vielleicht sollte man das Amt des Bundespräsidenten abschaffen, bevor Edmund Stoiber sich daran vergreift. Wäre eine sinnvolle Verschlankung des Beamtenapparates. Wozu brauchen wir einen Ordenslametta verleihenden Grußaugust, der gutgläubigen Afrikanern leere Versprechungen macht? Die Beliebtheit des Bundespräsidenten beruht doch auf der wenig rühmlichen Tatsache, alles sagen und ablesen zu dürfen, ohne dass es den politischen Praxistest bestehen muss. Und als Ersatzkönig macht er doch auch nix her. Wir verkaufen das Amt an Burda, dann kann er bei der Bambi-Verleihung einen König der Herzen ernennen.

Und wenn wir erst mal den Bundespräsidenten erledigt haben, kommen wir vielleicht auf den Geschmack. Als Nächstes hauen wir den Föderalismus in die Tonne. Wegen erwiesener Schädigung der Volksgemeinschaft. Das wäre mir als altem Preußen ein besonderes Fest. Dann verlegen wir alle Wahlen in Land und Bund auf einen Tag, um die Fernsehbildschirme von geistigem Unrat zu reinigen, und erwirken beim Verfassungsgericht eine Zwangsfusion von CDU und CSU. Was für eine Wohltat, wenn wir die christsozialen Dorfstrategen mit der Zivilcourage eines Regenwurms nicht mehr sehen müssen. Wie viele Magengeschwüre blieben uns erspart, wenn Karikaturen wie Huber und Söder nicht mehr bei jeder Bundesangelegenheit ihre Leerformeln absondern dürften.

Abschließend schaffen wir die Verhältniswahl ab. Der Tod des Listenabgeordneten wäre ein Segen für das

Land. Individuen, die für ihre Karriere Persönlichkeitsmerkmale brauchen, die jeden ehrlichen Handwerksbetrieb in den Ruin treiben. Parteifunktionäre sich keiner echten Wahl stellen müssen, Handlanger der Interessenverbände und Lobbyisten, die einen Reformansatz nach dem anderen zur Lachnummer degradieren, wenn sie nicht gerade schweren Schaden anrichten, das Ansehen unserer Demokratie schädigen und den heimlichen Herrschern helfen, sich »zur fünften Gewalt« zu entwickeln, wie der höchste Verfassungsrichter unseres Landes befürchtet.

Und nach dem Aufräumen versuchen wir es noch mal mit einer Gesundheits- und Arbeitsmarktsreform.

Stellen Sie sich vor, dann hätte einer den Mut, in der Regierungserklärung folgenden Satz zu sagen:

»... Statt das Große und Ganze in Angriff zu nehmen, treiben wir uns gegenseitig in den Wahnsinn ... Was wäre, wenn wir unsere Popularität nicht deswegen verlieren, weil wir Arschlöcher sind, sondern weil wir große gesellschaftliche Aufgaben vollbringen wollen?«

So hat der ungarische Ministerpräsident kürzlich zu seinen Parteifreunden gesprochen. Sie haben ihm geraten, zum Psychiater zu gehen. Sie sehen, bei uns in der Anstalt sind Sie in guter Gesellschaft.

Nachruf auf Friedrich Merz

Der Verlust des großen Parlamentariers Friedrich Merz und das allgemeine Wehklagen der Presse darüber darf nicht unkommentiert bleiben. Ein Nachruf.

»Einer der klügsten Köpfe des Parlaments verlässt uns, ein Vorausdenker. Beim Parlare des Hohen Hauses galt er als einer der begabtesten Redner; der Bundestag verliert mit ihm ein großes rhetorisches Talent. Wie nur wenige war Merz fähig, die Masse der Abgeordneten seine Verachtung spüren zu lassen für ihr armseliges geistiges Niveau. Dafür sei ihm an dieser Stelle ausdrücklich gedankt. Wir fühlen mit ihm. Friede seiner Asche.«

Das zu sagen, wäre allerdings verfrüht, er geht erst in zweieinhalb Jahren von uns. Er hat es wohl nur schon mal angekündigt, damit die Trauer uns nicht so plötzlich übermannt.

Spaß beiseite, der wahre Grund für die Ankündigung ist, dass er der Kanzlerin damit ans Bein pinkeln wollte, was ja ein durchaus ehrenwertes Motiv sein kann.

Wenn man ganz genau sein will, darf Merz sein Mandat gar nicht sofort niederlegen, weil seine Arbeitgeber dagegen sind. Merz vertritt nämlich die Interessen der Privatversicherungen im Bundestag. Unter anderem. Abgeordneter ist er nur nebenbei. Merz sitzt nämlich im Aufsichtsrat der Axa-Versicherung. Bei der Axa-Konzernmutter ist er sogar Beiratsvorsitzender, dann noch Commerzbank, BASF u. a., insgesamt elf Nebenjobs. Und nicht zu vergessen: die Anwaltskanzlei. Und zwar eine hochkarätige. Nur große Sachen, Hedgefonds etc. Seit Jahren weigert er sich, seine Nebeneinkünfte dem Bundestagspräsident mitzuteilen. Stattdessen klagt er gegen die Bundesrepublik, weil sie von ihren Abgeordneten verlangt, dass der Schwerpunkt ihrer Arbeitstätigkeit bei ihrem gut honorierten Mandat als Volksvertreter liegen muss. Eine Zumutung!

Wahrscheinlich haben ihm die Zeitungen deshalb als einem vorausdenkenden Wirtschaftsexperten gehuldigt.

An dieser Stelle sei mir ein kleiner Einwand erlaubt. Merz steht für eine Wirtschaftspolitik, die alle Wachstumshindernisse beiseite räumen will, koste es den kleinen Mann, was es wolle, und wenn das Wachstum groß genug ist, geht die Steuererklärung auf einen Bierdeckel, der Laden brummt, und alles wird gut. So einfach ist das bei Merz.

Da frage ich mich: Ist das noch vorausschauend – oder nicht eher von gestern?

Der alte Heiner Geißler hat schon wiederholt gefordert, die Union solle den Mut aufbringen einzugestehen, dass der Kapitalismus genauso gescheitert ist wie der Sozialismus vor ihm.

Und der thüringische Landesherr Althaus (CDU) lässt am Konzept eines Grundeinkommens für alle Bürger basteln. Über die Parteigrenzen hinweg.

Nun würde niemand Herrn Althaus als Redner vermissen, aber konzeptionell sieht der gute Merz dagegen ziemlich alt aus.

Einen letzten Dienst hat uns Friedrich Merz allerdings erwiesen. Nach seiner Lobrede auf den neuen Träger des »Ordens wider den tierischen Ernst« hat die ARD entschieden, das Geseiere nie mehr ungekürzt live zu senden! Weil Merz es geschafft hat, in weniger als zehn Minuten ein Dutzend Mal die Aktiengesellschaft »Air Berlin« lobend zu erwähnen, deren Chef den Orden sicher redlich bezahlt hat.

Was für ein kluger Kopf, der Merz. Sollte bei seinen

zwölf Jobs jemals Langeweile aufkommen oder die Schilddrüse einen Hormonschub produzieren: Bei Kerner im ZDF findet sich für einen Kumpel von »Air Berlin« immer ein Plätzchen; gute Anlageberater sollen selten sein.

Oder Merz macht das, was manche hoffen und viele fürchten: Er gründet eine neue Partei – und sei es nur, um der Kanzlerin auch noch ans Standbein zu pinkeln.

Herr Kurnaz und das Neue Testament

Wir sollten uns mehr damit beschäftigen, wann und wie beim Menschen die Entwicklung des Fanatischen zum Vorschein kommt. Gerade der religiöse Fanatiker macht uns ja schwer zu schaffen, unabhängig von der Himmelsrichtung. Je weniger auf Erden zu holen ist, desto mehr schwadronieren sie rum. Vielleicht sollten wir unsere christliche Grundüberzeugung auch wieder offensiver vertreten, die kann sich doch durchaus sehen lassen. Die Union will sie ja sogar in der europäischen Verfassung verankern. Unsere christliche Nächstenliebe etwa oder die Achtung der Menschenwürde jedes Einzelnen, gleich welcher Hautfarbe, Religion oder Nationalität, das ist doch was. Das wurzelt ja im Neuen Testament, Matthäus, Kapitel 25, Vers 40: »Was ihr getan habt einem meiner geringsten Brüder, das habt ihr mir getan.« Herr Kurnaz zum Beispiel, dem hätte ein bisschen Matthäus sicher gut getan. Da hätten wir mal allen die Überlegenheit unserer christlichen Weltanschau-

ung zeigen können. Leider verpasst. Schade eigentlich. Vorm Weltgericht wird Matthäus dann dereinst den Fall Kurnaz aufrufen und sagen:
»Ich bin ein Gast gewesen, und ihr habt mich nicht beherbergt, ich bin gefangen gewesen, und ihr habt mich nicht besucht.« Ab dafür! Gut, besucht haben wir ihn ja in Guantánamo, aber nur, um ihm noch eins hinter die Löffel zu geben. Da ist unsere moralische Überlegenheit auf dem Behördenweg ein bisschen verloren gegangen.

Aber Kurnaz hat auch einen Fehler gemacht: Er hätte besser sterben sollen. Dann hätten ihn unsere selbstgerechten Heuchler in Ehren heimgeholt, da bin ich mir ganz sicher. Wenn so ein Problemfall erst mal tot ist, egal, ob gekreuzigt oder erschossen, dann werden alle barmherzig.

Unser Papst Ratzinger auch. Der lässt gerade einen lateinamerikanischen Befreiungstheologen heiligsprechen, den seine Glaubenskongregation seinerzeit schutzlos den rechtsradikalen Todesschwadronen überlassen hat. Gleichzeitig verstößt der gute Benedikt einen salvadorianischen Befreiungsjesuiten aus dem Schoß der Kirche, der zufällig ein Schüler des frisch gebackenen Heiligen ist und schon zweimal nur knapp den gleichen Todesschwadronen entkommen ist. Ratzinger wirft ihm vor, er habe zu sehr Jesus als Mensch in den Vordergrund gestellt!

Was lernen wir daraus? Als gut abgehangene Märtyrer stehen die Aufmüpfigen hoch im Kurs. Manche sagen ja auch, Islam und Christentum seien aus dem gleichen Holz geschnitzt.

Die RAF und der präsidiale Gnadenakt

Beim Stichwort gnadenlose Terroristen fällt mir doch noch mal das Gnadengesuch des Ex-RAF-Terroristen Christian Klar ein, der mich als Person ehrlich gesagt wenig interessiert. Mich interessiert unser Rechtsstaat, den wir ja zunehmend verteidigen müssen gegen Angriffe von allen Seiten.

Und da bin ich in der *Süddeutschen Zeitung* auf einen erhellenden Artikel gestoßen, der mir etwas deutlich gemacht hat: Das Geschwätz unserer selbsternannten Einser-Juristen vom Schlage Stoiber zum Gnadengesuch von Christian Klar ist von keiner Sachkenntnis getrübt. Es ist juristisch und rechtlich grober Unfug, zu behaupten, Klar müsse sich die Gnade erst verdienen. Eben nicht.

Die Gnade ist ihrem Wesen nach unverdient, sonst wäre sie keine Gnade. Sie ist eine »unverdiente Gunst, ein herablassendes Wohlwollen« der Obrigkeit, so wird Gnade im Brockhaus definiert. Sie ist ein Machtinstrument des Staates, für Immanuel Kant war die Gnade »das schlüpfrigste unter allen Rechten des Souveräns«. Die Gnade ist quasi die hübsche Schwester der hässlichen Willkür. Und da ihre Gewährung der Macht entspringt, ist die Bitte um Gnade ein Akt der Unterwerfung unter diese Macht. So betrachtet ist Klars Gnadengesuch eine tiefe Unterwerfung und bedingungslose Anerkennung des staatlichen Herrschaftsanspruches. Tiefer kann Klar nicht sinken, als von einem Bundespräsidenten Köhler Gnade zu erfahren. Köhler, als Sparkassendirektor für Klar ein »Büttel des Kapitals«, ins Amt gekommen durch niedere parteipolitische Rankünе in der Einbauküche von Guido Westerwelle. Von diesem Kniefall würde sich Klar nicht mehr erholen.

Mit weniger Schaum vorm Mund und ohne ideologisches Brett vorm Kopf müsste dieser Triumph des Staates doch zu erkennen sein.

Und weil wir gerade beim Schaum vorm Mund sind: Selbst bei Kai Diekmann und seiner Hetzbrigade von der *BILD*-Redaktion sollte man Gnade vor Recht walten lassen. Aber erst am Tag des Jüngsten Gerichts. Vorher gehören sie verurteilt und gebrandmarkt als politische Brunnenvergifter. Gerhard Baum, unser liberaler Exinnenminister, dem ein gnädiger Gott noch einige Jahre hienieden schenken möge, Gerhard Baum hat anonyme Drohbriefe erhalten, in denen er für die Gaskammer empfohlen wird, weil er das Gnadengesuch von Klar unterstützt. Der Theaterintendant Peymann in Berlin erhielt ähnliche Morddrohungen.

Baum rät nun der *Bildzeitung,* sie möge sich daran erinnern, dass Peter Boenisch sich später von seinen *BILD*-Kommentaren zur RAF ausdrücklich distanziert hat. Immerhin, vielleicht hilft das. Vielleicht gibt es ja Reste von Vernunft bei den Diekmännern.

Wenn nicht, könnten wir sie nach amerikanischem Vorbild verurteilen zum gemeinnützigen Putzen öffentlicher Einrichtungen. Zum Beispiel zur Beseitigung von Blutspuren rechtsradikaler Schlägertrupps – mit der Zahnbürste.

12 Man muss an die Gesundheit denken

Solonummern für eine Fernsehsatire haben üblicherweise eine Länge von drei bis fünf Minuten, und in den hinter uns liegenden vier Kapiteln hatten die Beiträge diese kurze Form. Die Fernsehsatire ist seit dem Jahr 2000 zu einem wesentlichen Bestandteil meiner Arbeit geworden, aber sie bleibt mein »Spielbein«, während mein Standbein die Bühne ist.

Hier hat kein Zuschauer eine Fernbedienung in der Hand, und der Weg zur Toilette ist weit. Ich muss mich nicht mit Menschen herumplagen, die in den ersten zwei Minuten eine hohe »Belachungsdichte« verlangen, damit der Zuschauer »dran« und der »negative audience flow« niedrig bleibt. Der Besucher einer Kabarettbühne hat im Voraus für den ganzen Abend bezahlt und bleibt allein schon deshalb meist bis zum Schluss. Es gibt also einen größeren Spielraum für dosierte Rücksichtslosigkeit im künstlerischen Vortrag, oder anders gesagt, ein gewisses Quälpotenzial existiert, was in dieser Form beim Fernsehzuschauer nicht der Fall ist, da er mir leichter entfliehen kann.

Wobei die Dosierung sehr wichtig ist, weil man sich nur mit jenen Zuschauern kontrovers auseinander setzen kann, die noch im Saal sind. Wer einmal im Unfrieden gegangen ist, kommt nicht mehr. Diesen im wörtlichen Sinne »Spielraum« auf der Bühne kann man nutzen, um diffizile Themen gründlich und umfassend zu präsentieren. Einem solch komplexen Thema habe ich mich in meinem Bühnenprogramm »Thomas Bernhard hätte geschossen« zugewandt: der systematischen Ausplünderung der Bevölkerung durch ein Gesundheitssystem, dem die meisten von uns als Kassenpatienten schutzlos ausgeliefert sind. Während Lobbyisten der Pharmaverbände und der medizinisch-technischen Industrie ebenso im Verborgenen agieren wie die Funktionäre der Kassen und Ärzte, steht der behandelnde Arzt als einziger Teil des Betrugssystems in direktem Kontakt mit den zu betrügenden Patienten. Er ist quasi eine Kreuzung aus Kellner und Koch in der Gesundheitswirtschaft. Zwar sind Arzthelferin und Krankenschwester auch im direkten Kontakt mit dem Patienten, aber wie am Gehaltszettel unschwer zu erkennen, gehören sie zu den Ausgeplünderten des Systems.

Die Patienten werden im Kampf um die Beitragsgroschen von den Ärzteverbänden in Geiselhaft genommen. (Eine Formulierung, die von zwei Gerichten erst kürzlich wieder als zulässig beurteilt wurde.) Diesem Kampf ist der Text »Das oberste Handlungsprinzip im deutschen Gesundheitswesen ist der Betrug« gewidmet, ein Satz von Professor Dr. Schönhöfer, dem Herausgeber der Fachzeitschrift *arznei-telegramm.*

Die Ärzteorganisationen agieren in einer Mischung

aus Arroganz und Wehleidigkeit. Erstmals zerrte ich diese unappetitliche Melange Anfang der 90er Jahre auf die Bühne. Damals beherrschte die Abtreibungsdebatte unser Land, die katholische Kirche mit dem Fuldaer Bischof Dyba als Frontmann machte mobil und drohte Ärzten, die Abtreibungen vornahmen, mit Exkommunikation und Verfolgung. In Hessen gab es die erste rot-grüne Landesregierung, die Frauen mit Alice Schwarzer als Fronthexe gingen in die Offensive, und der arme Arzt saß zwischen allen Stühlen. Der Präsident des Ärzteverbandes »Hartmannbund« verstieg sich zu dem grandiosen Satz »Wir Ärzte sind die neuen Juden Deutschlands«. In meinem Programm »Dein Platz an der Sonne« 1991 bestieg deshalb ein Arzt in Frankfurt den Zug, um das Land zu verlassen.

Ein Arzt auf der Flucht

Entschuldigen Sie, ist der Platz noch frei? Ja, ich bin allein, das kann man so sagen. Sind Sie auch auf der Flucht? Auf Urlaubsreise! Sie Glückspilz.

Entschuldigen Sie meinen Aufzug. Ich komme direkt aus der Klinik, da hatte ich bis heute ein paar Belegbetten. Den Parka habe ich schnell noch einem Zivildienstleistenden abgekauft. 50 Mark. Die machen schon Geschäfte mit unserem Elend. Meinen Sie, der Zug fährt bald? Es wird ja wohl keine Durchsuchungen geben. Ich bin aufgeregt, allerdings aus gutem Grund.

Ich bin Arzt, Frauenarzt, in Fulda. An sich eine sehr gute Gegend für Gynäkologen. In katholischen Regionen ist Frauenarzt eine sehr dankbare Tätigkeit. Ich habe immer im Scherz gesagt: mein Unterleib, das unbekannte Wesen.

Meine Flucht hat gar keine beruflichen Gründe, das wird ja jetzt alles nur so hingedreht. In Wahrheit hat man mich als Mann denunziert. Ich habe bereits die Vorladung vor die Kirchenkommission. Meinen Sie, ich habe Lust, kahl geschoren auf dem Bahnhof das Männerklo zu putzen, auf die Glatze mit Lippenstift geschrieben: Memmingen ist überall!

Eingriffe? Was meinen Sie denn mit Eingriffe? Natürlich habe ich operiert, als Frauenarzt bleibt das nicht aus. Wenn Sie als Frau 25 Jahre die Pille nehmen würden, was meinen Sie, wie's da untenrum bei Ihnen aussieht?

Aber das ist an sich kein Problem gewesen, es ist ja eine katholische Gegend, da geht es gediegen zu. Jeder weiß es, keiner sagt was. Ich hatte doch den halben Stadtrat bei mir in der Praxis, von daher konnte mir nichts passieren. Es ist wie gesagt auch gar nichts Berufliches.

Es ist nach Feierabend passiert. Beim Caritas-Stammtisch im Ratskeller bin ich denunziert worden. Das muss man sich mal vorstellen: Freitagabend am Stammtisch, nach 23 Uhr! Da kann man normalerweise alles erzählen.

Wir saßen gemütlich beisammen, hatten schon ein paar Orthodoxe zur Brust genommen. Orthodoxe? Nein, das ist ganz harmlos. Ein kleines Pils mit Wodka oder Slibowitz, das ist ein Orthodoxer bei uns. Es war alles in allem eine sehr ausgelassene Stimmung, als ich diesen kleinen Herrenwitz erzählt habe, der mir das Genick gebrochen hat.

Frauenfeindlich? Nein, wieso? Außerdem, was soll die Caritas gegen einen frauenfeindlichen Witz haben? Es war ein harmloser kleiner Kirchenwitz. Mein Pech war, dass der Sekretär von Bischof Dyba am Nebentisch saß.

Nein, ich werde Ihnen den jetzt sicher nicht erzählen. Sie sind in Urlaubsstimmung, aber ich nicht. Außerdem, wenn jemand mithört. Meinen Sie, ich habe Lust, vorm Dom zu stehen mit einem Pappschild um den Hals: »Ich approbiertes Schwein werde nie mehr eine Katholikin anfassen!« Das hat es alles schon einmal gegeben bei uns.

An sich war es auch gar kein Witz, eher eine Art Kurzgeschichte. Ein Pfarrer ist krank, und der junge Vikar vertritt ihn im Beichtstuhl. Also die übliche Standardsituation für einen Kirchenwitz, nichts Besonderes. Der Pfarrer sagt: »Es kann nichts passieren, es kommt ja keiner mehr zur Beichte, nur noch alte Weiber, immer dasselbe. Im Beichtstuhl klebt ein Zettel. Da steht drauf, was sie beten müssen.« Der Vikar ist beruhigt, und alles klappt, bis kurz vor Schluss ein Zwölfjähriger kommt. Der Vikar fragt: »Na, mein Junge, was hast du zu beichten?« Der Bub sagt: »Ich war unkeusch in Wort und Tat.« Der Vikar: »Jetzt mal konkret, was hast du gemacht?« »Ich hab mir einen runtergeholt.« »Einen?« »Na ja, wie man's nimmt. Morgens einen vorm Aufstehen, in der großen Pause, vorm Mittagessen und abends noch mal zum besser einschlafen.« Der Vikar rechnet zusammen und studiert die Liste. Runterholen stand auf der Liste aber nicht drauf, und »Selbstbefleckung« hat er überlesen. Er sagt zu dem Bub: »Wart mal kurz«, macht den Beichtstuhl auf, winkt einen Ministranten zu sich und fragt ihn: »Sag mal, was gibt denn der Pfarrer fürs Onanieren?« Da sagt der Ministrant: »Wenn's gut gemacht ist, zwei Snickers und ein Mars.«

Sie haben gut lachen, Sie haben den Witz nicht erzählt. Dann habe ich es auch noch schlimmer gemacht. Ich wollte schlagfertig sein, und wie der Sekretär von Bischof Dyba gesagt hat: »Da hätte der Herr Bischof jetzt gar nicht drüber lachen können«, da sag ich Rindvieh zu dem: »Warum, ministriert er noch selber?«

Was meinen Sie, was die Kirchenkommission mit mir macht? Dafür gibt's drei Jahre Ostfront, in Bitterfeld, als Betriebsarzt. Da bin ich doch erledigt.

Ich übertreibe nicht, das haben wir alles schon mal gehabt. Ich habe es schwarz auf weiß. Es stand letzte Woche in unserer Verbandszeitung, dass sie uns systematisch fertig machen wollen. Der Vorsitzende des Hartmannbundes hat es selber gesagt: »Wir Ärzte sind die neuen Juden Deutschlands.«

Die werden mich fertig machen. Ich habe meine Kartei und zwei Häuser in Frankfurt schutzlos zurückgelassen. Nach Frankfurt kann ich doch auch nicht. Was meinen Sie, was da los ist. Seit die rot-grüne Regierung in Hessen dran ist, werden wir doch systematisch gejagt als Männer. Die wollen uns alle kaputt machen. In der *Ärzte-Zeitung* stand kürzlich, 48 Prozent aller männlichen Grünen-Wähler klagen heute schon über Impotenz. Was heißt denn das? Nicht einmal ein Grüner wird mit Impotenz geboren. Da stecken doch die Weiber dahinter. Das sind doch die restlichen 52 Prozent. Und nach den Männern sind dann die Buben dran. In Nordrhein-Westfalen wollten sie kürzlich ein Gesetz durchbringen, damit sie in der Schule schon die Vierzehnjährigen angrabschen können! Ich habe zwei Buben, und ich weiß, von was ich rede.

Ich meine, wir waren ja auch keine Kinder von Traurigkeit früher, aber wir haben doch kein Gesetz draus gemacht.

Aber die Weiber heutzutage wollen alles. Alle Rechte, keine Pflichten. Nur noch ihre Gaudi. Ich nehme doch in meiner Praxis jeder zweiten gebärfähigen Frau den Uterus heraus. Das mach ich doch nicht freiwillig, das ist unappetitlich. Sexualität wie Hund und Katze, das wollen sie, und wo kriegen sie es beigebracht? In der Gesamtschule! Systematisch. Kein Religionsunterricht mehr, Ethik nur noch freiwillig, ohne Noten. Und in der Pause, da gehen sie aufs Klo, lesen die ganzen Sprüche, rauchen noch was dazu, gehen nur noch in den Unterricht, wenn die gemischte Klasse in Biologie Aufklärungsbilder gezeigt kriegt, und dann raus aus der Schule und druffjuchhei!

Aber mit meinen Buben nicht! Noch sind sie in Sicherheit. Ich habe sie in Arosa auf dem Internat. Ich lasse doch den in der Pubertät aufkeimenden Leistungswillen meiner Buben nicht zwischen den Schenkeln einer 40-jährigen Lehramtskandidatin ersticken!!

Was war das? Der Zug, ach so, endlich geht's los. Aber der fährt doch in die falsche Richtung! Der fährt doch Richtung Osten, ich will doch in die Schweiz! Ich muss hier raus! Was? Was interessiert mich Ihr Sackbahnhof, ich halte jetzt den Zug an.

»Das oberste Handlungsprinzip im deutschen Gesundheitswesen ist der Betrug«

Die im Herbst 2006 verabschiedete Gesundheitsreform war für die Kanzlerin das wichtigste Projekt der großen Koalition. Keine drei Jahre nach einer »Jahrhundertreform des deutschen Gesundheitswesens« (O-Ton Ministerin Ulla Schmid) – wie die Zeit vergeht. Aber in einem Land, das alle zwei Jahre einen »Jahrhundert-Sommer« hat, muss das schon nicht mehr verwundern.

Das Trauerspiel der Verabschiedung weist einige Besonderheiten auf. Nicht nur, dass sich nach Verlesen des Abstimmungserfolges keine Hand der Erfolgreichen zum Applaus rührte. Noch am Sterbebett der Reform brach eine Seuche aus. Im Gesundheitsausschuss, der den Gesetzentwurf federführend bearbeitet hatte, gab es scharenweise Krankmeldungen von Koalitionsabgeordneten. Sie wollten vermeiden, im Ausschuss für die Reform stimmen zu müssen, die sie selbst erarbeitet haben!!

Wo kam eigentlich unsere Hoffnung her, dass es diesmal was werden würde? Es war dieselbe Ministerin, nur dass Frau Merkel noch als Expertin dazugekommen ist. Angewidert wendet man sich ab und hört nicht mehr hin. Vielleicht wollen sie das. Wenn ich zu einem normalen Bürger das Wort »Sozialstaatsreform« sage, zuckt seine Hand zum Portemonnaie und hält es fest. Solche Begriffe sind missbraucht bis zur Unkenntlichkeit. Wenn sie mit dem Gedudel der FDP angewackelt kommen: »Mehr Eigenverantwortung für den mündigen Bürger«, dann wissen alle gleich: Aha, eine neue Zuzahlung.

Der Durchschnittsbürger hat Angst, ausgeplündert zu werden.

Merkwürdigerweise haben aber auch die Wohlhabenden Angst. Was eigentlich keinen Sinn macht. Die haben seit Jahrzehnten von Sozialstaatsreformen nichts mehr zu befürchten. Aber die haben immer Angst. In Finanzkreisen gibt es ein geflügeltes Wort: »Nichts ist so ängstlich wie das scheue Reh des Kapitals.«

Das gefällt mir. Das scheue Reh des Kapitals, das goldige Bambi, ein Fluchttier, das ängstlich zitternd im Börsendickicht äst. Ein falsches Wort, es knackt im Unterholz, ein Finanzminister fällt vom Ast, und schon schrickt es auf und springt über den Zaun und rennt nach Luxemburg, das scheue Reh.

Deswegen müssen wir auch alle ganz leise sein, damit es nicht erschrickt. Man könnte es höchstens über den Haufen schießen und schlachten, das scheue Reh. Es gibt sowieso zu viele davon. Kapital übrigens auch. Liest man immer öfter. Das Hauptübel der Weltwirtschaft: Es ist zu viel Geld in Umlauf.

Da muss irgendetwas an unseren Arbeitslosen vorbeigelaufen sein, wenn das Hauptproblem darin besteht, dass zu viel Geld in Umlauf ist.

Aber ich komme vom Thema ab, die Gesundheitsreform. Der große Wurf. Oberstes Ziel: Lohnnebenkostensenkung. Ergebnis: Das Gegenteil. Lohnnebenkostensenkung ist übrigens auch so ein Begriff, der meine Gallensteine zum Klingeln bringt.

Wissen Sie noch, wie das vor drei Jahren gelaufen ist?

Wir haben brav Praxisgebühr gezahlt, wir haben brav

mehr Zuzahlungen für Medikamente geleistet, wir haben brav weniger Tabletten geschluckt, alles nur, damit die Kassen Gewinn machen und die Beiträge senken.

Die Kassen haben Gewinne gemacht. Aber wie durch ein Wunder, kurz bevor die Beiträge sinken, fällt den Geschäftsführern der 250 deutschen Krankenkassen auf, dass sie seit Jahren unterhalb des Existenzminimums vegetierten: 30 Prozent Gehaltserhöhung. Es war aber noch Geld übrig, weshalb den Geschäftsführern der kassenärztlichen Vereinigungen auffiel, dass sie seit Jahren am gleichen Hungerödem litten: Auch 30 Prozent Gehaltserhöhung. Und als dann noch Geld übrig war, wollte der Apothekerverband eine Ausgleichszahlung. Und wissen Sie wofür? Weil wir weniger Tabletten gegessen hatten! Da hätten wir sie auch gleich weiter schlucken können.

Zur Entschuldigung der Apotheker sollte man hier noch erwähnen, dass es keine plötzliche Geldgier war, von der sie befallen wurden. Es gibt einen bis heute gültigen Vertrag der Apotheker mit der Regierung, der die materielle Existenzsicherung jeder Apotheke garantiert. Auf der Basis ihrer Umsätze im Jahre 2002 – was ein gutes Apothekenjahr gewesen sein soll. Ausgehandelt mit der kämpferischen rot-grünen Regierung, gebilligt von Union und FDP.

Da erinnert man sich an Hartz IV, das mit dem Argument eingeführt wurde, die materielle Existenzsicherung des Einzelnen sei in Zeiten der Globalisierung nicht mehr möglich. Schön zu wissen, dass für besonders Bedürftige also doch Härteklauseln existieren.

Man muss sich hüten, in solchen Momenten

»Schwachsinn« zu sagen. Das wäre eine Verharmlosung. Wenn die Verantwortlichen schwachsinnig wären, könnte man sie zum Arzt bringen und ihnen Tabletten geben, und dann würden sie weggebracht. Es ist aber kein Schwachsinn, es ist systematische Ausplünderung, ein groß angelegter Betrug am Beitragszahler. Und alle stecken unter einer Decke. Außer uns. Wir zahlen die Decke, die immer größer wird, aber immer zu kurz ist.

Was bei mir das Fass zum Überlaufen gebracht hat, waren die Ärztedemonstrationen. Man muss es allerdings in Anführungsstriche setzen, weil die niedergelassenen Ärzte ja zeitweise auch demonstrieren lassen. Arbeitslose und Studenten von einer Hostessen-Event-Agentur simulieren vor dem Bundestag verarmte Praxisärzte!

Bei den Klinikärzten konnte ich es eine Zeit lang noch verstehen, dass sie auf die Straße gegangen sind. Bei denen läuft es nicht mehr so wie früher. Früher wusste jede Klinikarzt: Du musst dich sechs Jahre lang ausplündern lassen, dann kannst du anschließend auch plündern. Aber heute ist nicht mehr genug da zum Plündern.

Aber als die niedergelassenen Ärzte demonstriert haben, da war bei mir Schluss. Die Zeitungen sind auch noch darauf reingefallen. Große Schlagzeilen überall: »Alarm! Jede zweite Arztpraxis geschlossen!« Ich habe fünf Leserbriefe geschrieben: »Bravo! Hoffentlich bleiben sie zu!«, sind natürlich nicht abgedruckt worden.

Ich habe jetzt mein Sparbuch aufgelöst und auf eigene Kosten ein Flugblatt drucken lassen. Damit gehe ich in die Fußgängerzonen. Auf dem Flugblatt steht groß als Überschrift:

»Das deutsche Gesundheitswesen ist korrupt und zeigt alle Merkmale der organisierten Kriminalität!«

Ich habe den Satz als Zitat gestaltet, damit mich die Leute fragen, wer das gesagt hat. Vielleicht kommt man so ins Gespräch. Ich werde ihnen sagen, dass der Satz vom Bundeskriminalamt Wiesbaden stammt, Sonderkommission »Abrechnungsbetrug«. Dort geht man davon aus, dass mafiöse Strukturen bei den Kassenärztlichen Vereinigungen herrschen.

Ich habe in dem Flugblatt Beweise präsentiert, welche Summen wir sparen könnten, ohne die Versorgung auch nur eines Patienten zu verschlechtern. Wenn der politische Wille dazu existieren würde.

Allein 20 Milliarden Euro jedes Jahr gehen von unseren Beiträgen verloren nur durch Korruption und Betrug der Pharmakonzerne und Ärzteorganisationen. Noch mal 20 Milliarden gehen drauf für überflüssige Diagnostik und unsinnige Medikamente.

Und glauben Sie ja nicht, da ist etwas aus dem Ruder gelaufen. Im Gegenteil. Das Schiff ist auf Kurs. Es ist aber nicht unser Kurs. Es ist ja auch nicht unser Schiff. Dieses Gesundheitssystem ist nicht für uns da, wir sind für das System da. Das ist keine Polemik, das ist die bittere Realität. Vor ein paar Tagen habe ich den Beweis schwarz auf weiß gefunden, in einem Leitartikel des *Deutschen Ärzteblatts,* die Kampfzeitschrift der niedergelassenen Ärzte, ein Zwangsabonnement für jeden Praxisarzt. Manchmal liegt es im Wartezimmer, unter dem anderen Papiermüll.

Auch eine seltsame Angewohnheit von Ärzten, ihre Zeitschriften nicht zu Hause ins Altpapier zu werfen, sondern im Wartezimmer auszulegen. So lernt man die Lesegewohnheiten vom Onkel Doktor kennen: *auto-motor-sport, Die Yacht, Golf Spezial, Wild und Hund, Arzt und Reisen*; zur Tarnung wird manchmal *GEO* darunter gemischt.

In einem Wartezimmer hab ich folgenden Satz im *Ärzteblatt* gefunden: »Das im deutschen Gesundheitssystem erbrachte Leistungsspektrum orientiert sich primär – völlig zu Recht – an den wirtschaftlichen Bedürfnissen der Leistungserbringer und nicht an den Bedürfnissen der Leistungsnehmer.«

Noch Fragen? Das ist doch wohl eindeutig. Der Meineid des Hippokrates! Wenn Sie mal wieder zum Arzt gehen, achten Sie darauf, dass Sie eine falsche Einstellung haben. Sie warten immer, dass der Arzt Sie fragt: Womit kann ich Ihnen helfen? Das ist falsch. Sie müssen den Arzt fragen: Mit welcher Krankheit kann ich dieses Quartal behilflich sein, Herr Doktor? Demnächst gibt es vielleicht ein Treuebonus-Heftchen zum Abstempeln. Wenn wir jedes Quartal brav die Krankheit nehmen, die der Doktor braucht, dürfen wir, wenn das Heftchen voll ist, eine Krankheit unserer Wahl haben.

Erzählen Sie mir jetzt nicht, Sie kennen einen Arzt, der sich Mühe gibt. Kenne ich auch. In den Krankenhäusern wimmelt es von Ärzten, Pflegepersonal nicht zu vergessen, die bis zur Erschöpfung für wenig Geld für ihre Patienten da sind. Aber das ist nicht der Gegenbeweis, das sind die nützlichen Idioten in einem korrupten System!

20 000 Betrugsfälle pro Jahr, Dunkelziffer geschätzt vierzigmal so hoch!

Eigentlich hätte ich noch viel mehr auf das Flugblatt schreiben müssen, ein Flugbuch hätte ich machen müssen, aber dafür hat mein Geld nicht gereicht.

Man müsste den Leuten zum Beispiel sagen, dass die Pharmakonzerne dabei sind zu mutieren. Sie werden zu kombinierten Nahrungsmittel-Pharma-Konzernen. Wir werden umzingelt. Man schätzt, dass über 15 000 Wissenschaftler für diese Verbrechersyndikate weltweit unterwegs sind, um von ahnungslosen Kleinbauern jahrhundertealte Kulturpflanzen und Tiere einzusammeln. Die zerlegen sie in ihre Bestandteile, sichern sich die Patentrechte, und den gentechnisch veränderten Dreck legen sie uns auf den Teller und mästen uns damit so lange, bis wir endlich so fett und krank werden, dass wir ihre Medikamente brauchen, die wir ohne ihren Dreckfraß gar nicht nehmen müssten.

Und so geht es immer weiter. Der nächste Schritt ist auch schon getan, ich weiß nur nicht genau, was er bedeutet. Ein Weltkonzern hat schon die Patentrechte auf menschliches Erbgut erworben! Was wird er damit machen? Sicher das Wachstum fördern, das ist ja die Hauptsache.

Die Versicherungskonzerne haben einen Gesetzentwurf in der Schublade. Die wollen unsere DNA-Analyse einsehen dürfen, ohne uns zu fragen. Was werden die damit machen? Auch das Wachstum fördern. Dann wird die Allianz-Versicherung nur noch 5000 Leute entlassen statt 6000, da werden die 1000 sich aber freuen, der Rest ist Kollateralschaden. Das ist »die schöpferische Kraft der Zerstörung, die dem Kapital innewohnt«. Schon mal gehört? Den Satz müssen Sie sich merken, Sie werden ihn noch öfter brauchen. Josef Schumpeter, großer Wirtschaftstheoretiker. Das Kapital hat die schöpferische Kraft der Zerstörung. Ein tolles Wesen, dieses Kapital: Ist scheu und ängstlich wie ein Reh und hat die schöpferische Kraft der Zerstörung.

Beneidenswert. So möchte ich auch sein. Ich hätte auch gerne die schöpferische Kraft der Zerstörung. Vielleicht kann man das üben. Es müsste Kurse geben an der Volkshochschule: »Schöpferische Kraft der Zerstörung für die Mitglieder Allgemeiner Ortskrankenkassen.« Am Ende des Grundkurses gehen wir zu unserem Radiologen und zerlegen seine Praxis. Nur zur Übung, ohne bösen Willen. Und nach dem letzten Aufbaukurs machen wir eine Gesundheitsreform, vor der wir keine Angst mehr haben, aber die anderen da oben. Und danach sind wir dann jahrelang scheu und ängstlich wie ein Reh.

Aber erst danach.

Ebenfalls im Programm »Thomas Bernhard hätte geschossen« schildere ich meinen Versuch, mit Patienten im Wartezimmer eines Arztes ins Gespräch zu kommen, um Sand ins Getriebe des Systems zu streuen. In diesem Fall eine Diskussion mit August, dem gutgläubigen alten Sozialdemokraten aus Hessen, und Rüdi, dem Prototyp einer rheinischen Frohnatur: von nichts eine Ahnung, aber zu allem eine Meinung.

Im Wartezimmer

Dombrowski: Haben Sie das in der Zeitung gelesen? Je höher die Arztdichte in einer deutschen Großstadt, umso niedriger die Lebenserwartung der Einwohner. Wie finden Sie das? Da sollte man mit dem Arzt mal drüber reden. Was meinen Sie dazu?
Vielleicht interessiert Sie, was die Krankenkassen herausgefunden haben. Wenn in der Nähe Ihrer Wohnung ein Krankenhaus liegt, werden Sie schneller operiert und sterben früher, als wenn Sie in Ostdeutschland unversorgt auf dem Land leben.
Daraus muss man doch Konsequenzen ziehen. Sagen Sie mal Ihre Meinung!

Rüdi: Ich weiß gar nicht, was Sie wollen. Je mehr Ärzte, desto besser. Das ist meine persönliche Erfahrung. Ich wohne zum Beispiel schräg gegenüber vom Unfallkrankenhaus. Was Besseres kann mir gar nicht passieren. Wenn ich abends aus der Kneipe komme, so zwischen 11 und 12 Uhr, dann ist das letzte Stück vor meiner Wohnung immer gut ausgeleuchtet. Man sagt ja oft, die letzten 100 Meter sind immer die schwersten. Bei mir nicht. Egal, wie schlecht ich zu Fuß bin, auf den letzten Metern habe ich immer das Gefühl, mir kann nichts passieren. Aber selbst wenn mal was ganz Schlimmes wäre, wenn ich zum Beispiel Alkohol nicht mehr vertragen würde, dann habe ich den Internisten gleich um die Ecke. Oder ich würde öfter hinfallen vor der Haustür, dann hab ich den Orthopäden zwei Straßen weiter.
Ich hab einen HNO-Arzt, Augenarzt, Zahnarzt, alles

da. Und das Beste ist: Ich brauche sie alle gar nicht. Weil ich ja sowieso alle Medikamente nehme. Prophylaktisch. Ich hab die Apotheke direkt neben dem Supermarkt. Wenn ich morgens zum Supermarkt gehe, habe ich immer einen kleinen Zettel dabei: Was brauchst du heute aus der Apotheke?
Ich nehme Cholesterin, Aspirin, Vitamin, Spurenelemente, Mineralien, Schwermetalle, ich nehme Gelenke und Rheuma, vor zwei Jahren habe ich Osteoporose dazu genommen, das kann ich auch sehr empfehlen. Und ich nehme Mittel gegen zu hohen und zu niedrigen Blutdruck, als Kombi-Präparat quasi. Da kann dir gar nichts mehr passieren.
Ich gebe Ihnen mal ein Beispiel: Ich weiß nicht, was Sie für ein Verhältnis zu Wermut haben. Ich persönlich trinke selten Wermut. Aber ich war mal auf einem Geburtstag, es gab nix zu essen, nur Wermut ohne Eis. Ich sage Ihnen eins: Da kann dir so was von schlecht werden von. Ich war mir sicher, ich vertrage keinen Wermut. Es war aber gar nicht der Wermut. Es war der Blutdruck. Der war mir in den Keller gesackt. Das hab ich aber nur bemerkt, weil ich stündlich meinen Blutdruck messe. Das war mein Glück! Wenn ich das nicht gemacht hätte, würde ich heute noch rumlaufen und hätte Angst, ich vertrage keinen Wermut. Ich trag so ein Minigerät fest am Körper, das merken Sie gar nicht, wenn ich messe beim Sprechen! Und wissen Sie, warum ich das mache? Das verdanke ich der Deutschen Hochdruckliga. Wenn die Blutdruckliga damals nicht mit ihrem Sattelschlepper bei uns am Aldi-Parkplatz gestanden hätte, mit die-

ser kostenlosen Untersuchung, dann wüsste ich heute noch nicht, was ich für einen Druck habe. Die haben das damals rausgekriegt mit dem Blut, ich hab das schriftlich, so ne Tabelle, da stand es drinnen, ich hatte eine 25 Prozent Wahrscheinlichkeit für … eh, für Blutdruck. Seitdem nehme ich Mittel gegen niedrigen und hohen Blutdruck, ich kann trinken, was ich will, und habe vor nichts mehr Angst.
Wenn Sie meine Blutdruckwerte sehen würden, da wären sie blass vor Neid. Picobello, wie aus dem Ei gepellt.

Dombrowski: Aber vielleicht war Ihr Blutdruck immer schon picobello und wie aus dem Ei gepellt. Haben Sie sich das noch nie überlegt?

Rüdi: Ja natürlich. Aber das ist doch der Witz. Ich nehme das alles prophylaktisch. Die Krankheit darf überhaupt nicht wissen, dass es dich gibt! Du musst das Zeug fressen, solange du gesund bist. Du nimmst die Pillen so lange, bis sich der Körper daran gewöhnt hat, dann bilden die eine Hornhaut um den Körper, eine Tarnkappe, die Wahrscheinlichkeit, dass so ein Krankheitserreger dich überhaupt sieht, liegt quasi bei null Prozent.

Dombrowski: Sie reden ja Unfug. Und was sollen denn diese ganzen Wahrscheinlichkeiten. Was ist denn geworden aus den 25-Prozent-Wahrscheinlichkeit, das habe ich überhaupt nicht verstanden?

Rüdi: Na, die sind eben weg! Ich hatte die aber. 25-Prozent-Wahrscheinlichkeit hatte ich, dass ich mal wegen Blut zum Arzt müsste. Aber heute muss ich gar nicht mehr zum Arzt. Ich kann zum Arzt, aber ich muss nicht. Ich nehme alle Tabletten freiwillig und kann zum Arzt, wann ich will. Ich kann immer, aber ich muss nie! So spricht der stolze Hahn und steigt von der Henne. Alte rheinische Lebensweisheit. Das Beste, was ein Mann über sich sagen kann: kann immer, muss nie!

Umgekehrt, das Schlimmste, was dir als Mann passieren kann: wenn du musst und kannst nicht. Sie müssten das Problem kennen, blasentechnisch. Ist sie akut, die Blase?

Dombrowski: Nein, ist sie nicht. Und selbst wenn, dann wären Sie der Letzte, mit dem ich drüber reden würde. Meine Blase geht Sie gar nichts an. Außerdem bin ich allgemein hier. Ich suche einen neuen Hausarzt. Mit meinem alten Hausarzt habe ich mich überworfen.

Rüdi: Dann sind Sie hier genau richtig. Unser Doktor ist super. Der findet immer was. Und wenn Sie mal was Besonderes suchen, einen Orthopäden zum Beispiel, dann fragen Sie einfach mich, ich bin ja selber Chirurg – im Hobby.

Dombrowski: Was ist das denn jetzt schon wieder, ein Chirurg im Hobby? Machen Sie sich im Selbstversuch die Hühneraugen raus?

Rüdi: Was soll ich denn mit den Hühneraugen. Mein Spezialgebiet ist Hüfte. Genauer gesagt: Endoprothesen, robotergesteuert. Aber nur im Hobby. Ich operiere nicht an OP-Tisch, ich operiere am Computer, also virtuell. Ich bin quasi virtueller Hobbychirurg.

Ich habe mir die Trainingssoftware gekauft von dieser Frankfurter Hüftklinik, die mit ihrem Roboter Pleite gegangen ist. Die Software gab's bei eBay für 69,95 Euro. Und soll ich Ihnen was sagen? Der Hüftroboter ist besser als der Flugsimulator. Nicht einfacher, aber besser. Einfach ist er nicht. Die ersten acht Hüften sind mir komplett verreckt. Aber letzte Woche habe ich eine abgespeichert, die hatte eine Stunde nach der Operation noch Herztöne. Das ist doch super.

(zu August)

Sie da drüben, Sie haben ja noch gar nix gesagt. Warum sind Sie denn hier, können Sie noch oder müssen Sie schon?

August: Was? Des hab ich jetzt nicht verstande. Um was geht's?

Rüdi: Ich wollte nur wissen – was haben Sie denn so?

August: Ich? Ich hab gar nix.

Rüdi: Und warum sind Sie dann da?

August: Wege dem Rezept.

Rüdi: Sehr gut. Und was nehmen Sie so?

August: Ich nehm Rheuma un Blutdruck.

Rüdi: Und wie ist er, der Blutdruck?

August: Gut. Eigentlich war der immer gut. Ich nehm des Zeug nur, weil die Schwester von de Sozialstation, die kommt doch dreimal die Woch wege de Muddi – also mei Frau, die hat doch vor em halbe Jahr de Schlag verwischt, und da kommt immer die Frau von de Sozialstation, dass se unne rum sauber gemacht is und des alles.

Un die hat bei mir mal de Blutdruck gemesse, un dann hat se gesagt: Ui, der is ja 140, da müsse Se mal zum Arzt. Un der hat mir dann des Zeug verschriebe.

Dombrowski: Aber das ist doch Unfug. 140 ist doch

prima. In Ihrem Alter, da fängt der hohe Blutdruck frühestens mit 160 an.

Rüdi: Oh, da waren Sie aber lange nicht beim Arzt. Sie sind ja gar nicht auf dem Laufenden. Da hat doch die deutsche Hochdruckliga extra jahrelang dafür gekämpft, dass wir den Blutdruck jetzt alle schon mit 140 haben dürfen.

Dombrowski: Sie begreifen wohl gar nicht, was Sie da reden! Was haben wir denn davon, dass wir den Bluthochdruck jetzt mit 140 haben können? Noch mehr Tabletten. Ihre Hochdruckliga ist doch nichts anderes als eine Deckadresse der Pharmaindustrie!

Rüdi: Jetzt lassen Sie doch den armen Mann mal in Ruhe krank sein. Wie vertragen Sie denn die Tabletten?

August: Sehr gut. Ich hab halt Koppweh und Magenschmerze, aber sonst sehr gut. Und de Ding, de Stuhlgang, da hab ich halt gar kein mehr. Un von dem Rheumazeug, da geht mer als de Blutdruck hoch.

Rüdi: Das macht doch nichts. Sie haben doch einen Blutdrucksenker. Dann gehen Sie mit dem auch hoch, dann passt es doch. Was sagt denn der Arzt?

August: Der is zufriede. Uff den lass ich auch nix komme. Der is in Ordnung. Gucke Se, ich bin doch Rentner. Un AOK. Wenn de heutzutag als AOK-Rentner zum Arzt gehst, da kannst de froh sei, wann se dich überhaupt ins Wartezimmer lasse. Wenn er dir überhaupt noch Tablette gibt, dann wahrscheinlich nur die Ladenhüter, des alte Zeug, was se sonst fortschmeiße däte.

Un unser Doktor, der is da anners. Bei dem derf ich

alle 14 Tag komme. Un krieg sogar jedes Mal Labor, komplett mit alle Schikane. Blut, Urin – gut, de Stuhlgang fällt fort –, un ich krieg auch kei alte Tablette. Im Gegenteil, de Doktor hat gesagt: Von mir bekommen Sie nur die neuesten Tabletten, die hat noch nicht einmal die Apotheke.

Dombrowski: Ach! Sehr interessant. Die hat noch nicht einmal die Apotheke! Das ist ja ein feiner Herr Doktor. Und was zahlt er Ihnen dafür?

August: Was? Wieso soll der mir Geld gebe? Des hab ich ja noch nie gehört, dass eim de Arzt Geld gibt.

Dombrowski: Wenn er an Ihnen Tabletten ausprobiert, da kann er Ihnen doch was abgeben. Was glauben Sie denn, was er dafür kriegt. Wenn ein Arzt heutzutage bei Patienten wie Ihnen Tabletten ausprobiert, da legt ihm der Pharmareferent 1500 Euro schwarz ohne Quittung auf den Tresen, da kann er Ihnen doch ein paar Kröten abgeben. Aber ich bin ja vor Ihnen dran. Ich werde den Arzt zur Rede stellen. Das ist ein klarer Fall von Tablettenmissbrauch mit Abhängigen.

Rüdi: Sagen Sie, liegt das an Ihrer Krankheit, dass Sie so aggressiv reagieren? Was haben Sie denn eigentlich? Mit mir können Sie über alles reden, Differenzialdiagnose, das ist auch so ein Hobby von mir. Kennen Sie zum Beispiel den Unterschied zwischen Epilepsie und einem Grießbrei? Den Grießbrei, den isst man mit Zucker und Zimt, aber ein Epileptiker, der sitzt im Zimmer und zuckt.

August: Der ist gut. Den merk ich mir. Aber derf ich noch mal was sage? Bitte sage Se nix zum Arzt. Ich will kein Ärger. Gucke Se, der is doch auch de Haus-

arzt von de Frau. Seit se de Schlag getroffe hat, liegt se deheim blöd rum. Ich hätt se gern fort, aber ich weiß net, wohin demit. Un de Doktor hat mir versproche, dass er mir was sucht, wo ich se neilege kann. Und wenn der was find, dann kann er mir von mir aus jeden Tag noch fünf Zäpfcher hinne neidrücke, Hauptsach ich hab se fort und weiß, wo se ist.
Des is doch's Problem. Von Haus aus müsst ich se in des Pflegestift hier nebedran von de Stadt. Aber da will ich se net neilege, weil de Ludwig hat gesagt, August hat er gesagt, lass die Finger devon. Sie kenne de Ludwig net, der is bei mir am Stammdisch. Ich kenn dei Frau, hat er gesagt, du hast immer viel Ärger mit ihr gehabt, aber des Heim hat se net verdient. Un de Ludwig weiß, wovon er red. Der hat Ahnung von Schlaganfall, weil er hat ja selber ein gehabt. Aber sehr schön, muss man sagen. Der Schlaganfall vom Ludwig, einwandfrei. Den merkst du erst, wenn du am Stammdisch nebedran sitzt. Er kann de Schoppe net mehr sauber ansetze. Die ei Seit hängt schepp runner, un meistens geht die Hälft danebe. Wir sage aber nix. Obwohl's schad ist um den schöne Schoppe.
De Ludwig kennt auch des Heim. Sei Frau war ja drin. Die hat doch vor drei Jahren de Schlag gebutzt. Aber se hat Glück gehabt. Bei ihr ging's nur noch zwei Monat, dann war es fertig.
Ich wollt mir des Ding mit dem Ludwig angucke, aber er wollt net mit. Er hat Angst, se behalte ihn da. Ich war drinn. Ein Zimmer, des hat mer gereicht. So was habe Se noch net gesehe. Die warn zu dritt uff eim

Zimmer, und alle drei gleichzeitig auf de Kloschüssel. Jeder auf em Stuhl mit Rolle, de Schieber unnerm Sitz, oben uff em Brett war noch es Frühstück, und unnerum hat en Zivi middem Lappe rumgeputzt. Des musst de dir mal vorstelle: Zu dritt uff de Schüssel, und de Zivi middem Lappe zwische de Füß!
Sie kenne mei Frau net. Die ist da schwierig. Immer schon. Alles, was mit unnerum zu tun hat, da war sie immer schon heikel. Ich durft zum Beispiel nie ins Bad, wenn se sich unnerum gewäsche hat.
Und da? Da sitzt se zu dritt uff de Schüssel, un en Zwanzigjähriger is middem Lappe zwische de Füß. Da schlag ich se lieber tot vorher.
Des kann mer doch net ernsthaft mache mit de Leut. Des wär selbst mir zu viel, und ich vertrag was. Seit ich des gesehe hab, is bei mir fertig.
Wenn ich noch in de Kirch wär, ich dät jeden Tag bete: lieber Gott, sei so gut, wenn mich de Schlag trifft, ziel anständig und guck vorher, dass auch ja kein Arzt in de Näh is.
Ich mach mir heut noch Vorwürf wege de Muddi. Des war en Fehler damals, wie es passiert ist. Ich war doch dabei. Es war nachmittags. Wir habe immer zusamme Kaffee getrunke. Jeder hatt immer e Stück Schwarzwälder und e Stück Frankfurter Kranz. Un was an dem Tag passiert ist, ich weiß es heut noch net. Ob die Buttercreme en Stich gehabt hat, ich weiß es net. Midde beim Kaffee sagt se uff eimal: »Opa, ich glaub mir ist net gut.« Ich hab noch zu ihr gesagt: »Des macht nix Mudder, dann trinke mer en Asbach zusamme.«

Und nach em zweite Asbach fällt se mer um, un ich Rindvieh hol de Notarzt. Das hätt ich bleibe lasse solle. Ich hätt ihr noch en Asbach gebbe solle, dann hätt ich auch noch ein getrunke un hätt gesagt: »Prost Mudder, mach's gut ...«, dann hätt die arm Seel Ruh gehabt.

Den Notarzt hätte Se mal erlebe solle. En ganz junge Kerl. Was der alles angestellt hat, mit Spritze, mit Elektro und alles, uff ihr rumgehippt, und zwischendurch mich immer noch beruhigt: »Wir schaffen das, wir schaffen das.« Der hat sich gefreut wie en Schneekönig, wie er se wiedergehabt hat. Ich hab em noch Trinkgeld gebe, zehn Euro.

Also sin Se so gut un sage Se nix. Wenn de Doktor was find, wo ich se neilege kann, dann ist mir der Rest egal. Hauptsach, ich weiß, wo se ist.

Lasse Se es einfach so, wie es ist. Sind Se so gut.

Da bleibt einem nichts übrig, als zu gehen. Mit solchen Patienten wird sich nie etwas ändern, da können Sie keinen Widerstand organisieren. Die einen fürchten sich zu Tode, die anderen wollen betrogen sein. Mit diesen Leuten kann die Ausplünderung der Beitragszahler ungehindert weitergehen. Es ist zum Verzweifeln.

13 Das Alter naht

Es ist bemerkenswert, dass man im Deutschen die Steigerung von »alt«, nämlich »älter«, dazu benutzt, das Alter des Betreffenden abzuschwächen. Ich misstraue Menschen, die zu mir sagen: »Aber Sie sind doch noch kein alter Mann, Sie sind ein rüstiger älterer Herr.« Über den Umgang mit alten Menschen und den Problemen, die sich aus ihrer rasanten Vermehrung ergeben, habe ich mir bereits Gedanken gemacht, als Herr Schirrmacher von der *FAZ* noch weit davon entfernt war, sich mit *Das Methusalem-Komplott* als Trittbrettfahrer des Modethemas Überalterung zu betätigen. So habe ich zum Beispiel im Sommer 2000 im »Scheibenwischer« den Alten bei uns eine düstere Zukunft prophezeit.

Die Alterspyramide

An der umstrittenen Genforschung wird ja angeblich nur gearbeitet, um Krankheiten und den Alterungsprozess zu bekämpfen.

Wer's glaubt, wird selig. In Amerika können Sie heute schon Samen und Eier von Hollywoodstars kaufen.

Und die erste unbefleckte Empfängnis ohne Beteiligung des Heiligen Geistes ist schon vor zwei Jahren ohne Segen von oben gelungen.

Wenn die Gentechniker mit diesem Rummel ernst machten und den Alterungsprozess verlangsamen würden, müssten sie den demographischen Faktor schmerzhaft korrigieren.

Man prophezeit uns ja so schon eine sprunghaft steigende Lebenserwartung. Wenn man den Zeitschriften glaubt, werden wir demnächst 120! Und das bei glänzender Laune!

Grauenhafte Vorstellung: Im Seniorentreff permanent von tanzwütigen 90-Jährigen belästigt zu werden. Die Männer demonstrativ ganztags im Jogginganzug unterwegs. Auf der Straße aber nur noch in kleinen Gruppen, weil die Stimmung bei den Enkeln schon gereizt ist.

Andererseits hätten wir Alten ein ungeheueres Drohpotenzial. Bei einem Anteil von 50 Prozent der Wahlberechtigten traut sich keine Partei, uns den Führerschein oder die Rente zu nehmen. Die machen sich doch schon bei den Beamtenpensionen vor Angst in die Hose.

Trotzdem muss man vorsichtig sein. Die Stimmung könnte eskalieren: Es könnte zu spontanen Pogromen kommen. Über Nacht sind wir weg, und die Nachbarn sagen: Wir dachten, die kommen in ein Seniorenlager auf Madagaskar.

Ein Ärztepräsident hat schon laut darüber nachgedacht, wie sie uns gezielt dezimieren könnten.

Gesund bis ins hohe Alter, das machen doch die Mediziner nicht mit.

Oder die FDP darf wieder mitmischen. Wenn die eine

Rentenreform machen, streichen sie das letzte Rentenjahr und bilden eine Kommission, die festlegt, wann das vorletzte anfängt.

Und wie werden die Rentenversicherer reagieren? Die Allianz fackelt nicht lange, und »Volksfürsorge« war immer schon ein Deckname. Vielleicht bieten sie uns Stilllegungsprämien.

Wenn sie das machen, beantrage ich eine für mich selbst. Sie zahlen mir einen Rentenbonus, und ich verpflichte mich schriftlich, mit 75 den Löffel abzugeben. Dann haben wir alle was davon.

Problematisch könnte es mit den Zauderern werden. Feiern feuchtfröhlich ihren letzten Geburtstag und unter Alkoholeinfluss kommen sie ins Grübeln.

Ob man mit Mobbing rechnen muss? Man weiß ja, was Hausbesitzer machen, wenn der Mieter nicht aus der Wohnung will. Dann kommt wöchentlich der Bestattungsunternehmer, hat das Erdmöbel schon dabei und erkundigt sich nach dem Befinden.

Und wenn das nicht reicht, schicken sie den Ärztepräsidenten. Wenn ein Dr. Vilmar bei Ihnen klingelt, wissen Sie, was es geschlagen hat.

Langfristig werden sie natürlich das Erbgut verändern. Als Prophylaxe für eine gesunde Alterspyramide. Einkommensschwache Familien kriegen die Beiträge erlassen, wenn sie Nachkommen mit Verfallsdatum akzeptieren. Die fallen dann mit 60 einfach um. Ohne Fremdeinwirkung. Dafür dürfen sich die Eltern aber aussuchen, was es werden soll: Uli Wickert oder Uschi Glas.

So wird's kommen. Die Uschiglasierung unserer Gesellschaft ist kaum noch aufzuhalten.

Wissen Sie, was ein Optimist ist?
Jemand, der nicht an die Zukunft glaubt.

Eine der schwerwiegendsten Fehlentscheidungen meines Lebens war der Einzug in ein so genanntes Senioren-Stift, was man früher schmucklos Altersheim nannte. Mittlerweile bin ich nach einer Serie von bitteren Erfahrungen wieder ausgezogen, so lange ich dazu im Stande war und die Infantilisierung meiner Person durch den Entmündigungsterror der Heimleitung noch nicht meine juristische Geschäftsfähigkeit ruiniert hatte. Bevor mein Widerstandsgeist erlahmte, habe ich mich den »Grauen Panthern« angeschlossen und das Heim verlassen.

Aus meiner Zeit im Heim möchte ich zunächst eine kleine Episode erzählen, die einen eher versöhnlichen Charakter hat.

Ich und Drewermann

Es war von Anfang an ein Fehler, freiwillig ins Heim zu gehen. Und dann noch in das katholische »Stift Maria zur Unbefleckten Empfängnis«. Nur weil es in meinem alten Wohnviertel liegt. Aber ich habe den Absprung geschafft. Schon als die Sache mit Drewermann passiert ist, hätte ich gehen sollen. Noch heute muss ich dran denken, wenn ich den Namen nur höre. Er war ja mein Zimmernachbar. Ich hatte ihn mehrfach gewarnt. »Vorsicht, Drewermann, Vorsicht. Man hat ein Auge auf Sie geworfen.« Man kann bei uns nicht ungestraft an der

Heimordnung rummeckern und dann regelmäßig mit einer Ordensschwester im Zimmer verschwinden. Das hätte ihm eigentlich klar sein müssen. Gut, sie hat ihm nur die Haare geschnitten, aber jede Woche? So schnell wachsen die doch gar nicht mehr. Höchstens in den Ohren, aber dafür braucht man keine halbe Stunde.

Ich persönlich glaube ja auch, dass da nichts war. Ich liege nebenan, da hätte ich ja was hören müssen, er hatte doch Asthma. Aber die Schwestern, die denken sich doch immer gleich sonstwas mit ihrer aufgestauten Phantasie.

Ich meine, Steffen Drewermann hatte ja auch was von einem Pastor, das kommt natürlich bei den Nonnen gut an. Und mit 69 war er noch nicht jenseits von Gut und Böse. Und diese kleine Nonne, na ja. Mitte 40. Gut, sie war ein bisschen verwachsen, aber sonst. Und sie hat mit uns gesprochen. Aber sie hat ja sogar mit den Blumen gesprochen.

Jedenfalls hat Drewermann nicht auf mich gehört, und ratzfatz war die Kleine in die Wäscherei versetzt und wurde verschärft beim Beichten rangenommen, was man so gehört hat.

Und bei Steffen Drewermann ging der Psychoterror los. Von einem Tag auf den andern hatte er vier Kruzifixe im Zimmer, an jeder Wand eins, und zwar angedübelt. Dann ging das vor seiner Tür mit dem Rosenkranzgebrabbel los, frühmorgens ab fünf, seine Geburtstagspäckchen kamen nicht an, er musste dauernd zur Vorsorgeuntersuchung, und plötzlich hieß es: Verdacht auf Prostata, Drewermann eine Woche Heilig-Geist-Spital.

Und da kriegte er so einen leichten Verfolgungswahn. Das käme alles nur, weil er Drewermann heißt. Ich heiße doch Steffen Drewermann und nicht Eugen, aber das interessiert keinen, sagte er dauernd. Die hören nur Drewermann und wetzen das Messer. Das war natürlich übertrieben, und ich wollte ihn beschwichtigen und sagte: Dann nennen Sie sich doch Drögemann, da können sie nichts gegen haben. Oder Eiermann oder so. Und da fiel mir der Name »Eichmann« ein. Der Adolf Eichmann. Mensch, Drewermann, sage ich, machen Sie es doch wie der Eichmann. Dem hat der Vatikan sogar selbst den Namen geändert damals, ihm einen argentinischen Pass besorgt, und er ist aus Dankbarkeit katholisch geworden. Vielleicht muss man nur mit ihnen reden, dann lassen sie Gnade vor Recht ergehen.

Nun war Drewermann ja schon katholisch, aber egal. Na, jedenfalls war Steffen so durch den Wind, dass er sich schon dauernd umdrehte, prompt fliegt er die Treppe runter, eine riesen Platzwunde, blutete wie frisch abgestochen.

Ich bin mitgefahren zur Chirurgischen Ambulanz vom Heilig-Geist-Spital, bin bei ihm geblieben, um ihn ein bisschen zu beruhigen und die Papiere auszufüllen. Und geistesgegenwärtig schreibe ich ins Aufnahmeformular den Namen Adi Eichmann.

Keine zwei Minuten später sagt der Unfallchirurg bei der Aufnahme zur Schwester. »Adi Eichmann möchte ich auch nicht heißen. Obwohl, heutzutage lieber Eichmann als Honecker.« Drauf sagt die Schwester: »Morgen haben wir übrigens einen Drewermann auf Tisch 2. Prostata. Den will die Oberin selbst anästhesieren. Ist mir ganz Recht. Ich halte auch lieber Eichmann den Kopf als Drewermann die Prostata.«

Wäre Drewermann nicht auf den Kopf gefallen, wäre er fällig gewesen. Steffen hat zwar was zurückbehalten, aber dafür lassen sie ihn wenigstens in Ruhe.

Ich glaube fast, der liebe Gott hat ihm ein Bein gestellt.

Den grausamen Alltag des Heiminsassen will und darf ich nicht verschweigen. Schon während der unglücklichen Phase meiner Existenz als Heimbewohner habe ich versucht, Altersgenossen zu warnen. Auf der ständigen Flucht vor dem Heimalltag ging ich oft im Park spazieren, setzte mich zu Leuten auf die Parkbank und hoffte, mit kleinen Erlebnisberichten den einen oder anderen vor ähnlichem Unglück bewahren zu können.

Heiminsasse oder freilaufend?

Grüß Gott, darf ich mich zu Ihnen setzen? Danke, sehr freundlich. Ein schöner Tag. Und keine Kinder in der Nähe, die rumquengeln, wie angenehm. Sie sind auch Rentner? Pensionär sogar, noch besser. Heiminsasse oder freilaufend? Noch draußen. Schön für Sie. Da haben Sie ja das Schlimmste noch vor sich. Ich weiß, wovon ich rede, ich bin im Altersheim, aber nicht mehr lange.

Darf ich mich vorstellen, mein Name ist Dombrowski, Lothar Dombrowski. Leben Sie auch allein? Mit Ihrer Frau, ach was. Das ist ja ganz praktisch im Alter.

Wenn die ganzen Altersbeschwerden erst mal richtig losgehen, Blase-Niere und das alles, da ist die sanitäre Ader der Frauen sehr angenehm. Ich sage immer: Das hat der liebe Gott fein eingerichtet, dass Frauen länger halten als Männer. Na, dann sind Sie mal recht nett zu Ihrer Frau. Lassen Sie ihr ruhig auch mal was durchgehen, in Ihrem Alter noch mal ne Neue suchen, das kann leicht peinlich werden.

Mit ner eigenen Frau ins Heim macht ja sowieso keinen Sinn. Wussten Sie, dass man sein Zimmer gar nicht abschließen kann? Angeblich aus Sicherheitsgründen: Damit wir immer schauen können, falls mal was passiert, Herr Dombrowski. Sie verstehen. Mit ner Frau im Zimmer, und jeden Augenblick kann ein Haubentaucher reinkommen, da kommt ja keine Stimmung auf. Aber vielleicht bin ich auch schon voreingenommen durch mein Altersheim. Ich bin in einem kirchlichen Stift. Das war rückblickend grob fahrlässig von mir.

Wissen Sie denn schon, wo Sie mal hingehen? Kümmern Sie sich lieber selber drum, bevor das Ihre Kinder machen. Sie haben doch Kinder? Da sollten Sie das nicht den Kindern überlassen. Wenn die Ihnen was suchen, das kann leicht ins Auge gehen. Die suchen oft Sonderangebote, Billig-Heime mit auffallend niedrigem Tagessatz. Wenn jederzeit Betten frei sind, dann heißt es aufgepasst. Als allererstes ein Blick auf die Speisekarte. Verräterisch sind viele Eierspeisen und am Wochenende Tiramisu: Da wird die Salmonelle als Waffe eingesetzt! Gut, vielleicht etwas übertrieben, aber die Zahl ungeklärter Todesfälle in Altersheimen steigt dramatisch. Ich bin auf der Hut! Wenn es bei uns Freitag zum dritten Mal Omelett gibt, dann gehe ich in den Speisesaal und sage ganz laut: »Ach, schon wieder Omelett, ist die Warteliste wieder zu lang?« Einfach, damit sie wissen, dass ich Bescheid weiß. Ja, man muss ihnen immer gleich kontra geben, sonst werden sie übermütig und glauben, sie könnten sich alles erlauben, weil wir uns nicht wehren.

So ein Satz wirkt, kann ich Ihnen sagen. Wenn ich in den Speisesaal komme, da lacht keiner, da können Sie sicher sein.

Auf den Namen sollten Sie übrigens auch achten. Wenn ein Heim Namen hat wie »Stift Maria zur Unbefleckten Empfängnis«, dann ist Vorsicht geboten. Oder sind Sie katholisch? Nein, es hilft nicht direkt. Aber wenn man dran glaubt, nimmt man's leichter, denke ich.

Wissen Sie denn schon, wo Sie mal hinkommen? Haben Sie sich irgendwo eingekauft? Sehr gut, ich wüsste vielleicht was für Sie. Wollen Sie nicht bei uns einsteigen? Wir wollen was Eigenes aufziehen, eine selbst verwaltete Wohngruppe der »Grauen Panther«. Ich bin Kassenwart bei der Ortsgruppe. Graue Panther, ja, nicht Black Panther, das ist ein Negerverein. Aber da kommt der Name her. Ich meine, der Neger weiß ja auch, warum er einen Verein aufmacht. Es wird ja niemand freiwillig Neger. Zum Neger wird man gemacht, sage ich immer. Und wenn wir Alten hier bei uns nicht aufpassen, ratzfatz sind wir hier der Neger. Als alter Mensch muss man ja fast schon froh sein, dass es noch echte Neger gibt, sonst würden sie ihre schlechte Laune an uns auslassen.

Deswegen gehe ich ja aus dem Heim. Letzte Woche war ich bei der Oberin und habe gekündigt. Ich sagte: »Grüß Gott, Frau Oberin …«, ich sage immer »Grüß Gott«, da kriegt sie so ein katholisches Leuchten in die Augen. Na ja, mich kostet's nichts, und sie hat eine Freude dran, die Frau gönnt sich ja sonst nichts.

Da fällt mir ein: Habe ich eben zu Ihnen auch »Grüß Gott« gesagt? Schrecklich, entschuldigen Sie. Eine Marotte von mir, seit ich in diesem Heim bin. Eigentlich bin ich Protestant, ich habe früher nie »Grüß Gott« gesagt. Aber im Heim sagen das alle. Vielleicht sicherheitshalber, falls es ihn doch bald gibt, ich weiß es nicht.

Jedenfalls, ich sagte zur Oberin: »Grüß Gott, Frau Oberin, machen Sie mir die Papiere fertig, ich ziehe aus.« Da hat sie geguckt. Da war das katholische Leuchten erloschen. Sie wollte noch mit mir diskutieren, ob das Essen nicht schmeckt, ob ich nicht satt geworden wäre. Ich hab ihr gesagt: »Gute Frau, wenn wir über das Essen reden wollten, muss ich Ihnen sagen: So viel Zeit habe ich nicht mehr. Wenn es bei mir so weit sein sollte, hänge ich mir den Sabberlatz alleine um, aber bis dahin will ich meine Ruhe haben!« Ob ich nicht satt werde, diese Frau hat nichts begriffen. Bevor man über das Essen redet, müsste man erst mal über die Essenszeiten reden. Wann macht Ihnen zum Beispiel Ihre Frau das Mittagessen? Zwischen zwölf und eins. Eine gute Frau, Sie sind ein Glückspilz. Sogar gleitende Essenszeit. Haben Sie schon mal freiwillig um elf Uhr Mittag gegessen? Um elf schon mal Appetit auf Gemüsebrei gehabt? Ich sage Ihnen was. In meinem ganzen Erwachsenenleben habe ich niemals um elf Mittag gegessen. Jetzt esse ich täglich um elf. Und wissen Sie, was das Tragische daran ist? Mittlerweile habe ich sogar Hunger um elf. Ja, Sie lachen. Ich wüsste gerne, was daran komisch sein soll. Wenn Sie um fünf Uhr frühstücken müssen, haben Sie auch Hunger um elf.

Und ich brauche auch keine Uhr mehr fürs Abendbrot! Um Viertel vor eins bei Schichtwechsel wird es gebracht, und wenn die Käsescheibe halbrund getrocknet ist, dann ist es halb sechs, dann kann ich essen.

Nachmittags genau dasselbe: Waren Sie schon mal nachmittags im Heim, zu Kaffee und Kuchen? Sollten Sie aber mal, da vergeht Ihnen das Lachen. Ich mag zum Beispiel sehr gerne Kuchen. Aber den kriegen Sie bei uns nicht einfach so. Den gibt es nur mit Dichterlesung. Ohne Dichterlesung kein Kuchen. Meine Neigung zu Kuchen hat mir im letzten halben Jahr zwanzigmal Annette von Droste-Hülshoff eingebracht. Ich wusste, dass man Schüler damit quält, aber dass das im Alter noch mal kommt, damit hatte ich nicht gerechnet. Wobei ich nichts gegen diese Frau persönlich habe. Annette von Droste-Hülshoff auf ein Blatt Papier und Kuchen drauf, da sage ich kein Wort. Das Problem ist die Lesung. Genau gesagt: wer da liest! Wissen Sie, wer bei uns liest? Die Caritas-Tanten! Sozialdienst katholischer Frauen Deutschland e. V.

Haben Sie die schon mal lesen hören? Nein? Können Sie auch gar nicht. Die dürfen nämlich nirgends vorlesen, nur bei uns! Bei uns dürfen die lesen.

Der Pfarrer karrt sie immer im Kleinbus an. Die sind alle ganz scharf drauf, weil sie zu Hause nix mit sich anfangen können. Vormittags haben sie wahrscheinlich dreimal die Wohnung gestaubsaugt, obwohl gar keiner mehr was dreckig macht, und bevor sie total überschnappen, gabelt sie der Pfarrer auf, und dann werden sie auf uns gehetzt.

Ich hab den Pfarrer neulich nach dem Gottesdienst abgefangen, draußen natürlich. Ich hab ihm einen Zwanziger hingehalten und gesagt, er soll davon den Caritas-Tanten einen Teddybär oder ein Krippenspiel kaufen, dass sie mal irgendwie anderweitig beschäftigt sind und ich einmal die Woche in Ruhe meinen Kuchen essen kann, aber nein, es muss gelesen werden.

Und wie die lesen! Das müssten Sie mal hören. Mit so einem Singsang, als ob sie mit Bekloppten reden würden: »Meine lieben Senioren ...«, wenn ich das schon höre, von wegen »liebe Senioren«. Wenn einer schon »liebe Senioren« sagt, dann wird anschließend gelogen oder Geld gesammelt. »Liebe Senioren, wo wir nun alle zufällig hier so besinnlich zusammengekommen sind ...« Wir sitzen nämlich immer besinnlich, müssen Sie wissen. Besinnlich oder beschaulich, eins von beiden immer. »... vielleicht ein paar Gedichtlein von unserer lieben Annette von Droste-Hülshoff, die so recht in die vorösterliche Weihnachtsstimmung passen.« Die passen immer in irgendeine Stimmung. Bei denen jedenfalls. Die sind ja immer irgendwie vorösterlich. Die letzten Male haben sie immer aus ihrem letzten Buch vorgelesen. Ein Fragment, *Des guten Willens Ungeschick.* Da passt wenigstens der Titel. Des guten Willens Ungeschick, da muss sie kurz vor Schluss gemerkt haben, was sie anrichtet.

Und wir hören zu, weil wir zufällig so beschaulich

zusammengekommen sind. Von zufällig kann gar keine Rede sein. Wir werden zusammengetrieben! Und die sind immer zu dritt: Eine liest, und zwei sind an den Türen. Wenn Sie da rauswollen, müssen Sie schon Prostata vortäuschen!

Eine Stunde geht so was. Ich kann Ihnen eins sagen: Ein Marika-Rökk-Film ist die reinste Peepshow dagegen!

Aber was rege ich mich auf, das Personal ist auch keinen Deut besser. Wenn ich nur an den Oberpfleger denke. So ein Modell umgeschulter Maurer. Das wird bei der letzten Flaute im Baugewerbe der Geheimtipp gewesen sein: Mach einen auf Zementallergie, dann kriegst du vom Arbeitsamt was im Trockenen. Besondere Qualifikation: kann schwer heben. Seit ich im Heim bin, weiß ich, wie es auf dem Bau zugeht. »Hier Opa, du hast doch immer kalte Füße, das kommt vom Kreislauf. Hol mir mal ne Schachtel Zigaretten!« So geht's bei uns zu.

Neulich habe ich ihn belauscht, wie er über uns hergezogen hat. Im Stationszimmer. Er dachte, es hört keiner, es war Lesung, aber ich hatte mich im Klo versteckt. Da hat er sich an unsere Küchenhilfe rangemacht. Wir haben so eine Küchenhilfe, eine dralle Blonde aus dem Osten. Aber ganz weiter Osten, so Richtung Karpaten. Die kann kaum deutsch, aber solche Möpse! Ja, Sie lachen. Ich möchte mal wissen, wo sie die herhat, ich denke, die haben nix zu essen da hinten. Solche Dinger! Die kriegt man doch nicht vom Luftholen.

Und zu der hat er gesagt: »Mädel, der Eskimo macht's richtig, wenn da der Opa nicht mehr beißen kann, wird er auf den Schlitten gesetzt und ne kleine Ausfahrt gemacht.« Das müssen Sie sich mal vorstellen!

Ich bin sofort in die Stadtbücherei und habe drei Bücher über Eskimos durchgeackert. Kein Wort wahr. Der Eskimo hat den Opa nicht auf den Schlitten gesetzt, wenn der nicht mehr beißen konnte, sondern wenn es nix mehr zu beißen gab. Und das ist ein ganz schöner Unterschied!

Besonders hier. Wenn es hier nix mehr zu beißen gäbe, wäre ich der Erste, der sich auf den Schlitten setzt. Aber hier gibt es noch massig zu beißen, und solange es hier noch was zu beißen gibt, beiße ich mit. »Und wenn ich mir für euresgleichen noch mal extra frisch die Zähne machen lasse.« Habe ich ihm ins Gesicht gesagt.

Man darf sich nichts mehr gefallen lassen. Man muss zurückschlagen. Und wir Alten können zurückschlagen, das haben die meisten von uns noch gar nicht begriffen.

Aber ich muss leider los. Ich bin mit zwei Kameraden vorm Supermarkt verabredet. Sitzen Sie morgen um diese Zeit auch wieder hier? Ich würde mich freuen.

14 Von der Diskussion zur Agitation

Ein gnädiges Schicksal hat mich bis heute vor Altersmilde bewahrt. Vielmehr beschert mir die Tatsache, dass ich im Leben nicht mehr viel zu verlieren habe, eine geistige Radikalität, die ich mir früher – etwa als abhängig Beschäftigter – nicht ohne weiteres hätte leisten können. Es ist dies einer der wenigen Vorzüge, wenn nicht sogar der Einzige, den das Alter bieten kann. Das aus dieser Altersradikalität resultierende Potenzial ist bisher kaum bemerkt, geschweige denn genutzt worden. Immerhin haben straffällige Rentner bereits so zugenommen, dass erstmals die Errichtung eines Seniorengefängnisses geplant wird.

In der mir verbleibenden Zeit habe ich zuletzt immer wieder versucht, mit Gleichgesinnten öffentlichkeitswirksame Protestaktionen durchzuführen. Es ist ein mühsames Unterfangen. Mehrfach habe ich zum Beispiel den zuvor beschriebenen Rentner im Park getroffen, um ihn für einen Anschlag gegen eine Lebensmittelkette zu gewinnen.

Aktionstag im Supermarkt

Guten Morgen! Schön, dass Sie gekommen sind. Ich habe unser Gespräch noch in guter Erinnerung. Ich falle gleich mal mit der Tür ins Haus. Haben Sie nicht Lust, bei uns mitzumachen? Wir, das bin ich und ein paar Mitstreiter. Eine »Graue Zelle«. So werde ich die Gruppe auch nennen. Eine Doppeldeutigkeit, die vielleicht Interesse weckt, wenn es um die Aufmerksamkeit der Öffentlichkeit geht. Es ist quasi eine Anlehnung an die »Roten Zellen« zu RAF-Zeiten und gleichzeitig ein Hinweis, dass wir unsere grauen Zellen im Kopf aktivieren müssen.

Aber jetzt mal konkret. Wir Alten haben unser Einflusspotenzial noch gar nicht erkannt. Und ich rede nicht von Bettelbriefen oder Unterschriftensammlungen und solches Zeug. Das ist langweilig und wirkungslos.

Ich will den Jugendwahn dieser Spaßgesellschaft brechen. Oder sagen wir: Ich will ihn demolieren. Wir müssen sie da packen, wo sie empfindlich sind. Das ist gar nicht so schwierig. Gehen Sie einfach mal bei Rot ganz langsam über die Ampel. Kostet beim ersten Mal Überwindung, aber die Wirkung ist enorm: Innerhalb von Sekunden bricht die Lebensfreude hinter den Lenkrädern zusammen.

Es gibt viele Möglichkeiten. Die Jungen haben alle Angst vorm alt werden, vorm krank werden und sterben. Da muss man sie ab und zu dran erinnern, und zwar drastisch, auf Worte reagieren sie nicht mehr. Und wir haben einen strategischen Vorteil: Wir sind ganz viele, wir werden immer mehr, und wir haben viel Zeit.

Ich habe zum Beispiel ein Aktionskomitee gegründet: »Ein Stuhl für alte Menschen«. Hört sich nett an, nicht? Klingt nach Schüttelbüchse und »Danke« sagen. Ist aber nicht nett. Mit Nettsein erreicht man nämlich nichts. Und »Danke« sagen wir auch nicht. Wir kämpfen dafür, dass in jeden Supermarkt mindestens ein Stuhl zum Ausruhen aufgestellt wird. Ist ja wohl nicht zu viel verlangt. Gab's früher in jedem Tante-Emma-Laden, so einen Stuhl. Aber heute ist kein Platz mehr dafür, haben sie uns erzählt. Zwanzigmal so groß wie früher, aber kein Platz! »Die Angebotspalette ist zu breit.« Wenn ich so was schon höre. Für jeden Dreck ist Platz! Hinten im Eck ist Platz für ein ganzes Stehbistro. Mit solchen Riesenhockern. Kein alter Mensch kommt auf so einen Hocker drauf. Die haben sie extra so hoch gebaut, damit wir nicht drauf kommen und ihnen beim Champagnersaufen den Appetit nicht verderben. Aber den werden wir ihnen verderben, verlassen Sie sich drauf.

Neulich hat so eine Witzfigur von Filialleiter zu mir gesagt: »Das lohnt nicht, bei uns kaufen kaum Alte.« So eine Frechheit. Ich habe ihm gesagt: »Sind Sie sicher? Gucken Sie mal unter den Regalen, vielleicht liegen da welche, die zusammengebrochen sind, weil sie den Ausgang nicht gefunden haben. Die Kasse haben Sie doch extra versteckt, geben Sie's doch zu! Damit man erst den ganzen Laden ablatschen muss!« Wenn man so was laut genug sagt, um das Musikgedudel zu übertönen, da werden sie gleich nervös.

Also passen Sie auf, ich sage Ihnen jetzt, wie wir's machen, um den Stuhl zu kriegen. Wir ziehen immer zu dritt los, mit Herbert in der Mitte. Herbert ist auch bei uns im Heim. Er ist schon 81 und ziemlich fertig, aber geistig noch sehr rege. Er hat Asthma und Mehlstauballergie, körperlich ein Wrack, aber er hat eine solide aggressive Grundstimmung. Typisch für eine Zwangseinweisung. Herbert hatte Pech, sein Sohn ist Arzt und hatte Beziehungen zur Heimleitung. Herbert kam einen Tag vor Weihnachten. Sohnemann wollte zum Skiurlaub, Opa Herbert fühlte sich nicht gut, ratzfatz saß er im Heim. Schöne Bescherung. Als Hund hätten sie ihn in die Mülltonne geworfen. Herbert hat noch ne Rechnung offen, deswegen gibt er noch nicht auf. »Denen zahlen wir's heim!«, sagt er immer, »ich hab nix mehr zu verliern, mit mir könnt ihr alles machen.« Und das machen wir auch.

Seit drei Wochen ziehen wir immer zu dritt mit ihm los. Einer hakt ihn rechts unter, einer links, rein zu Edeka, und dann kriegt er von uns einen Zug aus der Mehltüte. Ich kann Ihnen sagen: Der legt Ihnen einen Hustenanfall mit Auswurf in die Konserven, es ist eine wahre Pracht! Wir stellen ihn immer genau vor die Fleischtheke! Einer holt ihn dann wieder raus aus den Konserven und putzt ihn ab, und der andere ruft ganz laut: »Oh, das hat er nur, wenn das Fleisch nicht in Ordnung ist!« Klappt sehr gut. Wir werden immer sofort bedient, vom Geschäftsführer persönlich meistens. Und neulich hat er uns 50 Euro geboten, wenn wir mit der Nummer zu Karstadt gehen. Und das ist erst der Anfang. Den Stuhl kriegen wir!

Rentnerschutzgebühr sozusagen. Palermo grüßt Edeka. Das hält der Filialleiter keinen Monat mehr aus. Herbert aber auch nicht, fürchte ich. Deswegen habe ich an Sie gedacht. Überlegen Sie mal, es macht wirklich Spaß. Hinterher kehren wir immer ein und begießen den Erfolg.

Jetzt muss ich schon wieder los. Aber Sie können mitkommen, wenn Sie wollen. Keine Sorge, ich geh nicht ins Heim. Da ist heute Lesung. Ich habe noch einen Termin bei Tchibo. Da gibt's auch noch keinen Stuhl. Da treffe ich mich mit Kurt. Das ist unser Neuer. Er hat so einen künstlichen Darmausgang, da wollen wir mal sehen, was sich damit machen lässt. »Jeder macht, was er kann«, das ist meine Devise. Die werden sich noch umgucken, die Jungen. Die werden auch noch auf den Topf gesetzt eines Tages. Und dann können sie froh sein, wenn sie das Gesicht von dem, der ihnen den Hintern abputzt, überhaupt schon mal gesehen haben.

Ich muss los. Schlafen Sie mal drüber, morgen um dieselbe Zeit, hier auf der Parkbank. Adieu!

Spektakulär gescheitert bin ich mit einer Aktion gegen einen meiner früheren Ärzte. Da man aber auch aus Fehlern lernen kann, habe ich die Aktion immer wieder gern als warnendes Beispiel geschildert.

Ein Fehlschlag

Jetzt habe ich doch tatsächlich eine Klage am Hals. Irgendwann musste es passieren, aber ausgerechnet bei der ersten Aktion mit meiner Selbsthilfegruppe, das ist für den Kampfgeist gar nicht gut. Üble Nachrede, Beleidigung, eventuell Hausfriedensbruch, eine ganz blöde

Geschichte, kann sehr teuer werden. Alles nur, weil ich für einen Moment die Kontrolle verloren habe.

Dabei hatte ich alles generalsstabsmäßig vorbereitet. Die Gelegenheit war günstig, die Gruppe motiviert, alles lief nach Plan, und im entscheidenden Moment versage ich.

Ich hatte ja schon seit langem auf eine Gelegenheit gewartet, mal was Spektakuläres gegen die niedergelassenen Ärzte zu machen. Ein Satz ging mir nicht aus dem Kopf, den der ehemalige Präsident der Bundesärztekammer gesagt haben soll. Seehofer hat es im *Spiegel* seinerzeit bestätigt. Professor Vilmar soll gesagt haben, man müsse sich über das sozialverträgliche Frühableben älterer Mitbürger neue Gedanken machen.

Den Satz wirst du noch bereuen, dachte ich immer, da lässt sich was draus machen.

Und nun bin ich ja Sprecher einer Selbsthilfegruppe von Schlaganfallpatienten. »Schlag zurück!« heißt die Gruppe. Schöner Name, und das sage ich nicht, weil er meine Idee war.

Und nun passierte mir vor einigen Wochen Folgendes.

Ich gehe seit längerem einmal im Jahr zu meinem Hausarzt. Auch wenn ich nichts habe, quasi zur Inventur. Man verschafft sich einen Überblick: Was hab ich, was hab ich nicht, was hab ich gar nicht mehr?

Das klappte auch immer sehr gut, aber diesmal fing mich dieses junge Ding am Tresen gleich ab. Kaum hatte sie mein AOK-Kärtchen gesehen, wurde sie patzig. »Ach, schon wieder von der AOK, das geht aber nicht, da müssen Sie mal zwei Quartale aussetzen!« Ich sage:

»Was heißt hier zwei Quartale aussetzen, wir sind doch hier nicht beim Monopoly!« Aber es war nichts zu machen. Der Herr Doktor könne ja kaum noch seine Arzthelferinnen zahlen, bei AOK-Patienten wie mir lege er drauf. Das ganze Geschwätz, das ihr Chef ihr eingetrichtert hat, musste ich mir anhören. Womöglich muss er meinetwegen seinen Gelände-Mercedes verkaufen und dann zu Fuß zur Jagd.

Jedenfalls bin ich gegangen, bevor ich ausfällig wurde und habe mich postwendend bei der AOK beschwert. Die haben gesagt: Der Arzt lügt. Ich habe gesagt: »Das weiß ich, dass der Arzt lügt. Davon gehe ich grundsätzlich aus. Ich will nur wissen, wie ich bei ihm drankomme. Ich will ja noch nicht mal Behandlung, ich will nur wissen, wie es mir geht.«

Der Sachbearbeiter riet mir, das Problem auszusitzen. Einfach sitzen bleiben, sagte er, irgendwann muss er Sie drannehmen. »Wenn Sie mitkommen, geht das bestimmt schneller«, habe ich ihm gesagt. Aber das Grundkonzept gefiel mir.

Und da fiel mir meine Selbsthilfegruppe ein. Die könnte ich mitnehmen. Ich habe alles organisiert, und wir sind mit zwölf Mann bei meinem Hausarzt angetreten. Alle AOK, versteht sich. Montagmorgens 8 Uhr war Sammeln vor der Praxis. Ich hatte aus eigener Tasche Proviant spendiert. Belegte Brote und Glühwein für die Alkoholiker, damit die Stimmung nicht absackt. Punkt 8 Uhr 15 gingen wir rein und machten es uns gemütlich. Als die ersten Privatpatienten kamen, haben die Alkoholiker schon gesungen. Die anderen haben ihre Operationsnarben ein bisschen rumgezeigt und diffuse

Warnungen über die Abrechnungsmethode von unserm Herrn Doktor abgesetzt. Bald drauf waren die Privatpatienten freiwillig gegangen, und dann kam der Doktor, logisch, die Kundschaft fehlte. Bis dahin lief praktisch alles wie am Schnürchen.

Ich habe ihn freundlich begrüßt und ihm ein Angebot gemacht: Wenn er mich drannimmt wie jedes Jahr, dann gehen die anderen von selbst. Ein Kompromiss, sozusagen.

Nun wurde er aber gleich laut und fing an zu schreien, hat gleich was von Nötigung erzählt. Gut, ich habe mich nicht lumpen lassen und ordentlich in gleicher Lautstärke mitdiskutiert, ein Wort gab das andere, und so kam das dann.

Jetzt wird behauptet, ich hätte gesagt, sein Berufsstand läge irgendwo zwischen Zuhälter und Gebrauchtwagenhändler.

Ich kann mich daran nicht erinnern. Es entspricht meiner Auffassung, aber deswegen muss ich es nicht gesagt haben.

Man muss allerdings auch sagen: Die Stimmung war gereizt. Es ging hoch her. Die Gruppe war in Hochform, hinter mir gab es schon stehende Ovationen, die Einarmigen haben La Ola versucht, also es war echt was los.

Und plötzlich schreit dieser Arzt mich an: »Warten Sie nur ab. Für Leute wie Sie finden wir auch noch ne Lösung!«

Und da ist es passiert. Für einen Moment habe ich die Kontrolle verloren und sehr laut und wohl auch deutlich zu ihm gesagt: »Ach! Interessant. Eine Lösung. Was wird's denn für eine Lösung, Herr Doktor? Wieder eine

Endlösung? Machen Sie's dann selbst hier in der Praxis oder schicken Sie uns zu Ihrem Ärztepräsident nach Dachau zum Vergasen?«

Sie können sich vorstellen, wie die Stimmung war: auf dem Nullpunkt. Es war schlagartig still, alle haben so komisch auf dem Boden rumgeguckt, der Blickkontakt zur Gruppe war quasi abgerissen.

Dann fiel mir auf, dass alle zur Tür schielten, ich drehe mich um: Polizei. Die Sprechstundenhilfe hatte gepetzt. Die haben alles zu Protokoll genommen, bessere Zeugen kann er nicht kriegen. Beleidigung, üble Nachrede, Hausfriedensbruch, so was ist teuer bei uns.

Was ich da gesagt habe, war natürlich Unsinn. In der Erregung hatte ich diesen Dr. Vilmar mit dem Dr. Sewering verwechselt, der war früher mal Ärztepräsident und hatte seine Praxis in Dachau. Und der hat natürlich auch keine alten AOK-Patienten vergasen lassen, sondern bloß während der Nazizeit behinderte Kinder in ein Euthanasieheim eingewiesen, wo sie vergiftet wurden.

Aber Hausfriedensbruch, das ist bei uns teuer. Man darf sich nicht zu emotional aufgeladenen Diskussionen hinreißen lassen. Nächste Woche sind wir bei meinem Urologen. Da lasse ich den Zuhälter weg, sage einfach »Sie Immobilienmakler«, und dann raus. Ratzfatz muss das gehen: reinmarschieren, Unruhe stiften, ein, zwei Verbalinjurien setzen und wieder raus. Vielleicht klappt's dann.

Einen kleinen Erfolg konnte ich vor einiger Zeit auf einem Nebenkriegsschauplatz erzielen. Ich war von einer großen Münchner Anwaltskanzlei eingeladen, einen

45-minüten Vortrag zu halten, und erzählte am Ende des Vortrags auch meine Verwechslungsgeschichte von Sewering. Die etwas gedämpfte Stimmung danach erklärte sich mir schnell, als nach Ende des Vortrags ein älterer Herr zu mir geführt wurde, der sich wutschnaubend als Seniorchef der Kanzlei vorstellte. Die Ursache seiner Wut: Er war der Anwalt von Sewering und hatte, wie er behauptete, seinem Mandanten seinerzeit »einen Freispruch erster Klasse« verschafft. Ich widersprach und erinnerte ihn daran, mit welch dubiosen Methoden er und die Staatsanwaltschaft seinerzeit den Hinterbliebenen mit Hilfe der katholischen Heimleitung Akteneinsicht verwehrt hatten, und dass Sewering aus diesen Gründen und wegen seiner SS-Zugehörigkeit genau wie Kurt Waldheim Einreiseverbot in die USA hatte, weshalb Sewering nicht Präsident des Weltärztekongresses werden konnte.

Der alte Herr griff in sein reiches Arsenal von Beschimpfungen und verstieg sich auf dem Höhepunkt seines Zorns zu der Überlegung, ob man Leute wie mich nicht besser »ausmerzen« sollte. Worauf ich ihm riet, mit diesem Begriff vorsichtig umzugehen. Gerade als Anwalt und noch dazu als Anwalt eines solchen Mandanten wie Sewering solle er bedenken, dass der Begriff »ausmerzen« historisch doch ein wenig vorbelastet beziehungsweise kontaminiert ist. Darauf ließ mich der hochgradig erregte Senior grußlos stehen.

Von einem solchen Glückstreffer kann man eine Weile zehren.

Der Alltag des Agitierens ist ansonsten grau, und die Erfolgserlebnisse sind rar. In meiner Verzweiflung habe ich sogar schon versucht, in Gasthäusern Menschen für den Aufruhr zu gewinnen. Wollte wissen, ob Angriffe auf geeignete Einzelpersonen zur Mobilisierung der Massen beitragen könnten. An Stammtischen habe ich wiederholt Alkohol spendiert, schmiss Runden, um besser ins Gespräch zu kommen. Im Programm »Thomas Bernhard hätte geschossen« schildere ich eine solche Diskussion, wieder mit August, dem alten Sozialdemokraten, und Rüdi, der rheinischen Frohnatur.

Die Stammtischrevolte

Dombrowski: Wenn die da oben so weitermachen, dann sollten wir uns mal ein paar von ihnen vorknöpfen, finden Sie nicht auch? Wen würden Sie denn als Erstes drannehmen?

August: Also ich wär für de Ackermann. Des is doch en Kapitalist wie aus em Bilderbuch. Der wär genau richtig. Ich kenn de Ackermann genau: Ich guck doch alles im Fernsehen. Wie der schon immer lacht, weil er weiß, dass em nix passiert. Neulich ist mir de Krage geplatzt beim Fernsehe. Da hat er wieder erzählt, was se verdiene und wie viel Leut er noch rausschmeißt dafür. Da hab ich ihm vor lauter Wut die ganz Schüssel Erdnüss an de Kopf geschmisse.

Rüdi: Der Ackermann wär natürlich genau der Richtige. Aber den kriegen wir nicht. Der sitzt in Frankfurt im Büroturm 80. Etage, und darunter alles voll mit Leibwächter. Wir müssten praktisch unten rein, ganz unten, beim Filialleiter quasi. Und den kenne ich, den

Filialleiter von der Deutschen Bank, bei uns um die Ecke. Mit dem habe ich seit Jahren nichts wie Ärger. Ich hab schon öfter gesagt: Eines Tages sauf ich den tot. Ich kenn den, der verträgt nichts. Und ich hab wenigstens noch Spaß dabei.

Dombrowski: Aber was haben wir davon? Was wollen wir denn mit einem Filialleiter, da merkt doch wochenlang keiner, dass er fehlt.

Rüdi: Das wäre ja nur der Anfang. Ich fange unten beim Filialleiter an und dann sauf ich mich hoch bis zum Ackermann. Aber das dauert natürlich und kostet auch was.

August: Aber dann wär wenigstens Ruh. Ich hab jetzt noch die ganze Erdnüss im Teppich. Und jedes Mal, wenn ich da drauftret, knackt des so. Und immer wenn's bei mir knackt, muss ich an den Scheiß-Ackermann denke.

Dombrowski: Wissen Sie, was passiert, wenn wir uns als Erstes den Ackermann greifen? Einen Tag später wird er zum Märtyrer der freien Marktwirtschaft ernannt. Egal, was er auf dem Kerbholz hatte. So läuft das doch in Deutschland. Da gibt es ein trauriges Beispiel. Ich sage nur einen Namen: Hanns-Martin Schleyer.

August: Der Schleyer! Genau! Noch so en Dreckskapitalist. Den kenn ich noch von früher. Des war en ganz scharfe Hund. Wir habe doch früher immer noch Streik gemacht, und da war de Schleyer einer von dene, die hätte doch am liebste mit Soldate uf uns geschossen, so einer war des. Der war noch schlimmer wie de Ding, de Ackermann.

Rüdi: Ich kann mich auch erinnern. Ich war mal in der Hanns-Martin-Schleyer-Halle Stuttgart, da war ich mal auf einem Konzert, ganz schlechte Akustik. Das war Mary und Gordy oder Müller und Westernhagen, die zwei haben da gesungen. Hanns-Martin-Schleyer-Halle, kann ich nur abraten.

Dombrowski: Bleiben Sie doch mal bei der Sache. Es geht doch nicht um irgendeine Akustik. Hanns-Martin Schleyer war doch nicht einfach irgendein Arbeitgeberpräsident, das war ein Bluthund der Nazikriegswirtschaft, also kein kleiner NSDAP-Mitläufer. Ein SS-Mann war er, aber keiner der letzten Tage, sondern schon bei Heydrich in Prag. Aber das war er alles nur bis zum Tag seiner Ermordung. Der Schuss ging nach hinten los. Vom nächsten Tag an war Schleyer ein ehrenwerter Mann, nach dem man in Deutschland Hallen benennen kann und Straßen und Plätze.

Rüdi: Ja gut, aber das ist ja nicht bei jedem so. Bei Möllemann ist es ja auch nicht so. Gut, der ist jetzt auch nicht direkt erschossen worden. War aber mein erster Gedanke, als ich es im Radio gehört habe. Da habe ich sofort gedacht: den Möllemann haben die Israelis erschossen. Ich konnte mir das nicht vorstellen, dass ein Typ wie der Möllemann mutterseelenallein da oben 10 000 Meter hoch aus der Partei austritt, wo unten auf dem Acker gar keiner von der FDP gestanden hat, auf den er hätte draufspringen können. So sauer wie der Möllemann war, hätte ich mindestens mit einem Sprengstoffgürtel gerechnet. Hätte der sich doch leicht besorgen können mit seinen Araberkontakten. Das Geld für das Judenflugblatt war doch aus dem

Waffenhandel, sagt man. Stellt euch vor, der Möllemann hätte sich so'n Gürtel umgeschnallt und dann die Parteiaustrittserklärung persönlich überreicht. Das wäre ein Knaller gewesen, wenn der Möllemann mitten in der FDP-Präsidiumssitzung die Reißleine gezogen hätte …

Dombrowski: Unter den Umständen wäre ich bereit gewesen, eine Halle nach ihm zu benennen. Aber die Stimmung ist nicht reif für so was. Es brodelt im Volk, aber das reicht noch nicht. Die Große Koalition hat meine Pläne durchkreuzt. Ich hatte fest mit Merkel-Westerwelle gerechnet. Die beiden ein, zwei Jahre, dann wäre die Stimmung reif gewesen.

August: Genau! Und dann kommt noch de Roland Koch! Und des is de größte Krüppel von alle! Den kenn ich genau. Des is de Schlimmste! De Koch ist noch schlimmer wie de, de Ding, de andere … wie heißt er …

Rüdi: Jetzt hören Sie doch mal auf mit Ihrem Ackermann. Was anderes fällt Ihnen auch nicht ein. Jetzt machen wir mal Nägel mit Köpfen: Stellt euch vor, jeder hätte nur noch einen Schuss übrig. Wen nimmt er? Und kommen Sie mir jetzt nicht wieder mit Ihrem Ackermann.

Dombrowski: Lassen Sie mich anfangen. Ich schlage vor, wir erledigen als Erstes einen Pharmareferenten. Ich habe mir bereits Gedanken gemacht. Die Erschießung eines Pharmareferenten hätte mehrere Vorteile.

Erstens: Man kann einen x-beliebigen Referenten nehmen. Er ist ja als Person völlig unwichtig. Es geht um

das Symbol. Irgendeinen Saugnapf vom Fangarm des Pharmakraken, da ist einer so gut wie der andere.
Zweiter Vorteil: An so einen Pharmavertreter kommt man leicht dran. Man muss nicht lange suchen. Ich setze mich in irgendein Wartezimmer, spätestens nach einer halben Stunde kommt ein Pharmareferent. Man erkennt ihn auch leicht: Dreiteiler, gebückte Haltung, Musterkoffer. Ich schieße ihn nieder, gehe zur nächsten Polizeiwache und sage: »Guten Tag. Ich habe soeben einen Pharmareferenten erschossen, ich kann Ihnen zeigen, wo er liegt.«
Dritter Vorteil: Man muss es niemandem groß erklären. Wenn in der *Bildzeitung* steht: »Pharmareferent erschossen!«, werden alle nur sagen: Es war aber auch Zeit. Einige werden sich höchstens wundern, dass es nicht schon vorher passiert ist. Und ich werde Nachahmer finden. Wie ein Lauffeuer werden sich die Attentate über das Land ausbreiten. Die Leute werden sagen: Mensch, bei uns um die Ecke wohnt doch auch einer, den holen wir uns.
Überall werden sie ihnen die Reifen aufschlitzen, die Arztmusterkoffer gehen in Flammen auf. Halt, nein, sie müssen sie aufessen, ihre Arztmuster. Unter dem Gejohle der Patienten werden sie an einer riesigen Überdosis von Betablockern, Cholesterinsenkern, Beruhigungsmitteln, Schlafmitteln und Viagra ihr jämmerliches Dasein beenden, einen Meter von der Klinke entfernt, die sie noch putzen wollten.
Ein Aufatmen würde durch das Land gehen, wie in Palermo damals, da hat es doch auch geklappt. Zwei alte Frauen haben einen kleinen Schutzgeldganoven

der Mafia angegriffen. Auf offener Straße gedemütigt, bespuckt und getreten. Die waren beide über 70, nur mit Regenschirm und faulem Gemüse bewaffnet. Und dann haben sie überall die kleinen Ganoven auf die Straße getrieben. So müsste es bei uns auch sein. Die kleinen Schutzgeldganoven der Pharma-Mafia durch die Gassen jagen und das Land befreien von einer Seuche.

Und als krönender Abschluss dann noch der Prozess. Ich werde ja vor Gericht gestellt. Das will ich ja. Der Richter wird mich fragen: »Bekennen Sie sich schuldig oder nicht schuldig?« Und ich werde sagen: »Schuldig, Euer Ehren.« Und dann muss er mich fragen: »Warum haben Sie das getan?« Und dann schlägt meine Stunde. Motiv um Motiv werde ich vortragen, Stunde um Stunde. Und alle werden dabei sein, die Presse, Medien, Rundfunk, Fernsehen …

Rüdi: Genau! Und dann kommen noch der Kerner, der Beckmann und die ganzen Idioten …

Dombrowski: Sabine Christiansen dürfen wir nicht vergessen.

August: Die is aach gut! Die Christiansen putze mer gleich mit em Ackermann uff einmal weg.

Rüdi: Was willste denn noch mit der. Die gibt's doch gar nicht mehr. Aber der Michel Friedman von der CDU, der hat doch wieder sone Sendung. Stellt euch vor, eine ukrainische Zwangsprostituierte mit Fischer-Visum beißt dem Friedman im Koksrausch die Eier ab! Da wär was los!

August: Des is gut. Da bin ich dabei. Aber des müsse mer gut organisiere, sonst wird's nix. Da kenn ich mich aus. Ich bin doch in de SPD, organisiern, des is unser Ding. Was wir schon alles organisiert habe. Wir habe zum Beispiel jetzt bei uns im Ortsverein aus Protest eine Arbeitsgruppe gegründet. Sozialdemokraten in der SPD! Seit letzt Woch sin wir schon zu dritt! Und wir habe en einstimmige Beschluss ins Protokoll, da steht drin: Wir lösen uns nicht auf, bevor nicht einer von uns in de Antragskommission von de Kreisdelegiertenkonferenz gewählt ist. Was meint ihr, was dann los ist. Dann geht's los. Das ist doch auch irgendwie Sprengstoff. Je mehr Sozialdemokraten wir werde in der SPD, umso schneller ist es Schluss mit dene all da obbe.

Rüdi: Kennt ihr den? Kommt ein alter Mann ziemlich verwirrt auf eine Polizeiwache und sagt: Herr Wachtmeister, Sie müssen mich verhaften, ich habe meine Frau geamselt. Sagt der Wachtmeister: Entschuldigen Sie, ich glaube, ich habe nicht richtig verstanden, was haben Sie gemacht? Sagt der Mann: Ich habe meine Frau geamselt, Sie müssen mich verhaften. Sagt der Wachtmeister: Wir können doch niemanden verhaften, nur weil er seine Frau gevögelt hat. Sagt der Mann: Sie haben mich nicht verstanden, geamselt habe ich se!

Sagt der Wachtmeister: Jetzt beruhigen Sie sich, guter Mann, Sie bringen ja alles durcheinander. Sie verwechseln ja jetzt schon vögeln mit amseln.

Da sagt der Mann: Was? Wie vögeln? Ach Gott, nee, drosseln hab ich gemeint, Herr Wachtmeister, drosseln, ich hab se erdrosselt!

Das letzte Kapitel

Solche grauenhaften Witze muss man sich anhören. Ich rede mich um Kopf und Kragen – und dann solche Witze. Was muss man den Leuten noch alles erzählen, damit sie endlich auf die Straße gehen? Was müsste man auf die Fahnen schreiben, damit sie sich einreihen? Ich weiß, dass ich kein geduldiger Mensch bin, aber ich habe doch alles versucht. In unzähligen Wartezimmern habe ich versucht, Patienten aufzuwiegeln. Jahrelang habe ich versucht, der Volkshochschule einen Kursus anzubieten: gewaltloser Widerstand für Senioren. Noch nicht einmal das haben sie genommen. Dem VdK hab ich's angeboten. Abgelehnt. An Seehofer geschrieben: keine Antwort.

Irgendwann habe ich es begriffen: Ich bin allein und muss allein ein Zeichen setzen. Worauf soll ich noch warten. Mir läuft die Zeit davon. Wie viel Jahre habe ich noch? Sieben oder acht? Zwei davon im Heim? Wovor soll einer wie ich noch Angst haben, wenn hinter ihm schon der Heimleiter mit dem Sabberlatz winkt.

Ich habe mir einen Revolver gekauft. Ein englisches Modell der Firma Enfield. Offiziersrevolver, Baujahr 35. Mein Jahrgang. Großes Kaliber. Er liegt gut in der Hand, hätte ich gar nicht gedacht. Ich habe ihn ausgesucht, weil er der Einzige war, den man mit einer Hand bedienen und nachladen kann.

Ich trage ihn immer bei mir und denke, vielleicht treibt mir der Zufall einen über den Weg. Einen, der meine Verachtung verdient. Davon gibt es doch genug. Und dann spricht vielleicht eine innere Stimme: Heute ist dein Tag. Meistens verfliegt der Hass wieder über Nacht. Der nächste Morgen ist dann immer furchtbar. Erst habe ich das Gefühl, ich muss unter Leute. Aber wenn ich dann unter Leute gehe, wird es noch schlimmer. Ich sehe die Menschen und denke: Die meisten sind verrückt, und ich bin der Einzige, dem das auffällt.

Alles kommt mir so irrational vor. Damit kann ich nicht umgehen. Ich war immer stolz, ein rational denkender, vernunftorientierter Mensch zu sein. Die Vernunft ist doch unsere größte abendländische Erfindung. Immanuel Kant war mein Vorbild. Der König der Vernunft. Jahrelang habe ich versucht, seine Bücher zu lesen. Als damals diese Kerner-Sendung war, habe ich zehn Postkarten geschickt: Größter Deutscher ist Immanuel Kant. Er hat uns den Weg aus der selbstverschuldeten Unmündigkeit gewiesen, aber keiner will ihn gehen.

Ich war sogar auf einem Kant-Symposion, zu seinem 200. Todestag. Wunderbares Thema: »Hat die Vernunft noch eine Chance?« Es fing gut an, aber das Hauptreferat hielt dann ein Neurobiologe. Seine Hypothese: 95 Prozent aller menschlicher Entscheidungen und Handlungen sind völlig irrational. Unsere einzige Besonderheit als Mensch sei, dass wir nachträglich einen vernünftig wirkenden Grund finden, den wir hinterherschieben, damit wir nicht merken, dass alles irrational ist. Da bin ich nach Hause gefahren.

Letztes Jahr war ich dann auf einem Germanistensymposion: »Tyrannenmord im Schillerjahr.« Irgendwie muss man sich ja bei Laune halten.

Meinen letzten Tag habe ich auch schon im Visier. Ein alter Traum von mir, den letzten Lebenstag selber zu gestalten. Dazu muss man ihn allerdings festlegen. Immer noch besser, als irgendwo zufällig tot umfallen. Was sehr unwahrscheinlich ist. Viel wahrscheinlicher ist es, im Heim zu vertrocknen oder zu verfaulen. Einfach so. Weil bei Schichtwechsel jemand ausfällt. Passiert doch ständig.

Erhobenen Hauptes diese Gesellschaft verlassen. Mit einem brauchbaren Motiv. Darüber habe ich viel nachgedacht. Gehen, wenn ich mit dieser Gesellschaft fertig bin. Aber wann ist man fertig? Auf die Antwort bin ich zufällig gestoßen. Eines Tages lag im Briefkasten ein Schreiben der Rentenanstalt, und darin waren meine ganzen Versicherungsjahre und Monate aufgelistet mit meinen Beiträgen. Und da wusste ich plötzlich, dass es einen Tag gibt, an dem wir miteinander quitt sind. Rein versicherungsmathematisch. Der Tag, an dem alle meine Rentenbeiträge mit Zins und Zinseszins aufgezehrt sind. Ich wäre dieser Gesellschaft nichts schuldig, und von mir würde nichts bleiben als eine letzte Klage.

Ich habe dem für mich zuständigen Versicherungsältesten einen Brief geschrieben mit der Bitte, mir diesen Tag auszurechnen.

Alfred Dorfer

Wörtlich

Satirische Texte

ISBN 978-3-89667-330-0

Alferd Dorfers erstes Buch – ein Lesevergnügen.

In Österreich war Alfred Dorfer schon viele Jahre ein Star des Kabaretts, 1995 wurde man dann auch in Deutschland auf ihn aufmerksam: *Indien* lief in deutschen Kinos an, ein Gemeinschaftswerk mit Josef Hader, seinem Freund und Kollegen. Auch das Buch zu diesem Theaterstück ist in dieser Sammlung brillanter Texte des bedeutenden österreichischen Satirikers zum ersten Mal abgedruckt. Alle Dorfer-Fans haben hier ein höchst anregendes Lesebuch.

»Dorfer ist sein eigener Autor und Darsteller, der sich an den österreichischen Zuständen abarbeitet und von jenen unserer Nachbarn nicht verschont bleibt. Staub haben diese pointierten, kritischen, furiosen Texte nicht angesetzt, ganz im Gegenteil: Sie entlarven ein Stück unmittelbarer Vergangenheit als bisweilen bedrückende Gegenwart und machen deutlich, dass die Zeit zwar vergehen, mitunter aber wenig ändern kann …«

NZZ AM SONNTAG, »Seite 4«

»Kollege Dorfer – ein genialer Satiriker, bissig und unterhaltsam.«

BRUNO JONAS

KARL BLESSING VERLAG

Dieter Hildebrandt

Nie wieder achtzig!

ISBN 978-3-89667-331-2

Der satirische Bestseller 2007!

In seinem neuen Buch lässt Dieter Hildebrandt sein langes, abwechslungsreiches und spannendes Leben Revue passieren, macht sich ein paar Gedanken über seine Arbeit, seine Erfolge, seine Freunde, seine Gegner. *Nie wieder achtzig!* zeigt den großen Satiriker in Höchstform. Hildebrandt kommt vom Hundertsten ins Tausendste, er verknüpft Politik mit Sport, Persönliches mit Allgemeinem. Und er ist angriffslustig, wo es Not tut, nachdenklich, wo es angebracht ist, und komisch, wo man es nicht erwartet.

»Nie wieder achtzig! Ein schöner Titel für das neue Buch von Dieter Hildebrandt … Mit dem neuen Buch legt er, der am 23. Mai tatsächlich unfassbare achtzig wird, eine Art »Hildebrandts Greatest Hits« vor. Wobei das »Hits« wörtlich zu verstehen ist, im Sinne des englischen »Schläge«. Dieter Hildebrandt verhaut noch mal alle, die es verdient haben oder auch nicht. Das ergibt dann 238 vergnüglich-süffig zu lesende Buchseiten – aber auch viel Stoff zum Nachdenken.«

TZ

KARL BLESSING VERLAG